GAFAS ROTAS

TONY ESPIGARES

GAFAS ROTAS

LO QUE VES ES SOLO UN REFLEJO
DE TU VIBRACIÓN

11 meditaciones y 22 hábitos
para crear una vida extraordinaria

Grijalbo

Papel certificado por el Forest Stewardship Council®

MIXTO
Papel | Apoyando la silvicultura responsable
FSC® C117695

Penguin Random House Grupo Editorial

Primera edición: noviembre de 2025

Printed in Spain – Impreso en España

ISBN: 978-84-253-6993-3
Depósito legal: B-16.306.2025

Compuesto en Llibresimes, S. L.
Impreso en Gómez Aparicio, S. L.
Casarrubuelos (Madrid)

GR 6 9 9 3 3

A Kirsty, mi compañera de aventuras, gracias por mostrarme con amor mi grandeza y también esas partes de mi luz y de mis sombras que yo no alcanzaba a ver.
A mi hija Isabella, por ser un espejo donde descubro lo que aún me toca trascender, y por revelarme el verdadero significado del amor incondicional.
A mi hijo Arthur, por recordarme cada día que la bondad y el amor no tienen límites, y por hacerme sentirlos en lo más profundo del corazón.

A mi padre, gran pilar de mi vida, gracias por tu presencia y tu amor.
A mi madre, por enseñarme a amar a los demás incluso por encima de uno mismo.

Y a ti, lector, por permitirte silenciar el ruido del mundo y abrirte a mirar la vida desde un nuevo paradigma

Índice

Prólogo

Desde muy pequeño se me reveló —como a muchos— cuál era la fórmula de la felicidad: sé un buen estudiante, accederás a una buena universidad. Esfuérzate allí, y entrarás en una buena empresa. Da la talla en la empresa, ascenderás. Y si subes lo suficiente, alcanzarás el éxito profesional. Y si alcanzas ese éxito... llegarás, por fin, a la felicidad. Yo programé mi GPS para seguir esa ruta. Me puse aquellas «gafas de ver» que me dijeron que tenía que colocarme en los ojos para ver bien este mundo. Así que estudié. Luego me contrataron en una gran empresa. Empecé desde abajo. Poco a poco fui subiendo peldaños, asumiendo más responsabilidades, y con el tiempo dirigí equipos y viajé por el mundo.

Lo que en el papel debería haberme hecho feliz, en la práctica me iba vaciando. Con cada peldaño que ascendía más me alejaba de mi familia, de mis amigos y de mí mismo. Cada peldaño que subía, en lugar de llenarme, me hacía sentir más vacío por dentro.

Algo fallaba.

Seguía la ruta al pie de la letra, pero no me gustaba a dónde me estaba llevando. Aquellas gafas no me estaban sirviendo ni tanto ni tan bien como me habían dicho. Entonces tomé una decisión radical: romper con esa ruta, reprogramar mi GPS. ¡Y lo hice! Dejé esa vida, mi país y esa versión de mí. Me mudé al otro lado del océano y empecé de cero.

Pensé que el problema era que había intentado alcanzar la felicidad como empleado. Que, si me convertía en mi propio jefe, todo cambiaría; así que me reinventé como emprendedor. Creé una empresa en un sector ajeno a mí por completo: la construcción. Me atraía la idea de construir, de crear. Y, nuevamente, lo hice. Sin ser arquitecto, sin haber tocado un plano antes, construí más de cien casas en quince años. Era mi negocio, mis reglas, mi libertad. Pero, vaya por Dios, tampoco ahí encontré la felicidad. Disfrutaba de estabilidad económica y llevaba el control, pero no tenía plenitud.

Había cambiado de escenario, pero no de gafas. Seguía persiguiendo la felicidad desde fuera: si antes perseguía el éxito profesional, ahora perseguía los resultados, pero desde el control. Y un día, como si de una serendipia se tratara, buscando sin buscar, apareció otra cosa. Me inventé un *hobby* que me llenara (para eso son los *hobbies*, ¿no?). Quería algo pequeño, mío, sin expectativas, y se me ocurrió crear un pódcast en el que hablaría de libros. Como me gustaban los libros y me gustaba la radio, pues me creé mi propia radio: mi pódcast. Me entregué, y ese *hobby* se transformó en algo grande, muy grande. Ese pódcast, *Libros para emprendedores*, se convirtió en el pódcast de negocios más escuchado en español del mundo. Y la verdad es que eso me cambió la vida. No por los *rankings* o los millones de seguidores... Lo que me cambió la vida fue la conexión. Empezaron a escribirme personas de países que ni imaginaba dándome las gracias, contándome sus historias o pidiéndome ayuda. Sin pararme a reflexionar, empecé a responder. Acompañar. Guiar. Inspirar. Empujar. Miles de mensajes. Miles de personas. Así, ayudando, fue como descubrí algo que no había sentido antes: plenitud. Por primera vez en mi vida, al ayudar a otros, me sentía feliz.

Y por fin entendí algo: mi felicidad no estaba en el éxito profesional. Tampoco en la seguridad económica, aunque eso era lo que decía en la etiqueta de mis gafas. Mi felicidad estaba en el impacto positivo que podía generar en los demás. En ayudar a otros y transformar vidas. Comprendí que llevaba toda la vida con unas gafas rotas puestas. Y fue en ese momento de claridad cuando se me cayeron. Esa lucidez es un punto de no retorno, porque desde entonces no he dejado de mirar el mundo con otros ojos.

En uno de esos cruces del camino, tuve la suerte de conocer a alguien que también había empezado a mirar de forma distinta: Tony Espigares. Lo conocí cuando estaba rompiendo sus propias gafas, cuando comenzaba a vivir —y liderar— desde otro lugar. Por eso este libro de Tony me toca tanto. Porque Tony y yo estamos inmersos en el mismo viaje. El de quienes un día decidimos mirar más hacia dentro. El viaje de quienes entienden que transformar es la manera más poderosa de servir. Tony también dudó, cayó y se reinventó. También eligió el camino del impacto y entendió que el viaje más profundo no es el que haces fuera, sino el que haces dentro de ti.

He tenido el privilegio de acompañarle durante una parte de ese camino. Lo he visto crecer. Lanzarse. Sanar.

Liderar. ¡Lo veo brillar, como la estrella que es! Y ahora la vida me regala poder leerle aquí, contigo, compartiendo con nosotros no solo lo que ha aprendido, sino lo que ha vivido, sentido y transformado. Este libro no es tan solo una guía; es una historia, una confesión, una cicatriz. Y también un espejo. Te aseguro que, si estás dispuesto a mirarte en él, te ayudará a quitarte tus propias gafas rotas. Te va a permitir ver más claro y sentir más profundo. Hará que recuerdes que la felicidad no se busca ni se encuentra: se recibe cuando compartes.

Gracias, Tony, por ser valiente, por ser verdad, y por recordarnos que la posibilidad de una vida extraordinaria siempre ha estado a nuestro alcance. Solo teníamos que cambiar de gafas.

Luis Ramos

Introducción

Imagina por un momento que todo lo que crees ver es solo una fracción minúscula de la realidad, apenas un 0,00001 por ciento de lo que realmente existe. Esto no forma parte de una opinión personal, se trata de un dato avalado por la ciencia. Nuestros cinco sentidos nos limitan a un espectro de percepciones tan reducido, que resulta fácil caer en la ilusión de que lo que experimentamos conforma la visión completa de la existencia. Más aún, la neurocientífica Nazareth Castellanos ha estudiado que ni siquiera es correcto decir que tenemos cinco sentidos, porque, en verdad, tenemos siete; y los más conocidos para el cerebro son los menos importantes. Los cinco sentidos clásicos son los sentidos de la exterocepción (y se ciñen a lo que sucede fuera de nosotros, un hecho que supone un límite en la percepción global), pero hay otros dos que estarían por encima de todos ellos: la interocepción (lo que nos sucede dentro) y la propiocepción (la información que le llega al cerebro de cómo está mi cuerpo por fuera).

Así que, junto con todo lo que vas a ir viendo en el libro que tienes en las manos, he de empezar con un interrogante: ¿Y si te dijera que lo que percibes no es la realidad tal como verdaderamente es, sino como tú la interpretas desde las profundidades de tu consciente y de tu subconsciente? Esto comienza desde nuestros inicios como pequeños seres que se abren paso en la vida. Cuando nacemos, aprendemos y replicamos lo que observamos de nuestro entorno. Este aprendizaje moldea lo que percibimos del mundo como si lleváramos puestas unas gafas invisibles que, además, nos mantienen en una respuesta automática. Estas gafas las heredamos de nuestros ancestros, de nuestros padres y profesores, así como de los dogmas de un sistema que condiciona nuestras creencias, emociones y experiencias. Las vamos adaptando a nuestras vivencias y a nuestras «dioptrías perceptivas», y terminamos por hacerlas nuestras, como si de una extensión de nosotros se tratara. Esas gafas con frecuencia nos hacen ver la realidad a través del filtro del miedo, del dolor, de la duda e incluso de la desesperanza, desconectándonos de la belleza de la vida al sentirnos en separación, en dualidad y en carencia.

Quizá suene muy rotundo, pero, querido lector, hablo con esta certeza porque yo mismo he experimentado ruina, pérdida y un vacío escalofriante al sentirme abofeteado por la vida, como si las circunstancias devastadoras que vivía fueran ajenas a mí y me pasasen por encima. Pero, pese a aquel escenario, las palabras de Martin Luther King Jr. cobran todo el sentido: «Solo en la oscuridad puedes ver las estrellas». De ahí que, en mis momentos de mayor crisis, sin posesiones ni relaciones auténticas, logré tomar consciencia de que yo no estaba roto y de que ni siquiera la vida era desesperanzadora, sino que eran las gafas a través de las cuales mi mundo reflejaba ante mí una desconexión con mi verdadera luz interior, mi esencia y mi alma.

Solamente cuando fui capaz de quitarme esas gafas rotas y ponerme las gafas del AMOR, pude liberarme de mí mismo, de mis expectativas, de mis limitaciones más allá de las circunstancias familiares que me anteceden y que estaba atrayendo a mi vida inconscientemente. Te confesaré que para nada fue un proceso fácil (y tampoco lo es ahora), pero la recompensa es inconmensurable cuando empiezas a conectar con algo más allá, con esa llamita de luz que forma parte de cada uno de nosotros y que está conectada con el todo, con un campo cuántico que se transforma en cada instante a través de las vibraciones energéticas que emiten nuestras emociones y pensamientos, con esa consciencia tan individual como colectiva.

¿Universo? ¿Alma? ¿Consciencia universal? ¿Dios? El nombre se lo pones tú, pero una vida plena consiste en abrirse a recibir e integrar las infinitas posibilidades que se despliegan a su paso.

Mi historia comienza en ruinas y oscuridad

La crisis como catalizador

Era invierno en Granada, y el frío no solo calaba los huesos, sino también el alma. La ventisca susurraba secretos ocultos entre las calles de esa mágica ciudad, pero dentro de mí el silencio daba paso al desconcierto y la sensación de estar atrapado en mi propia realidad. El teléfono sonaba sin descanso: clientes reclamando diseños, plazos, facturas que pagar a proveedores... pero yo era incapaz de pronunciar palabras sin sentirme lleno de vergüenza y deshonra. Sí, vivía sin un sentido de vida, y en aquellos momentos lo que llamaba «mi vida» realmente ni era mía ni era vida. Había una pequeña lucidez que aparecía en la oscuridad, pero, sin embargo, aún no brillaba lo suficiente como para soltar esa parte de mí que imploraba un profundo cambio. Algo en mi interior había dejado de susurrar y ahora gritaba un pensamiento: «Quiero vivir desde el corazón».

A lo largo del libro descubrirás mi historia, pero de momento te diré que hubo un momento en el que fui consciente de que, de algún modo, y sin apenas quererlo, lo había perdido todo. Me encontraba abatido, con tres pequeñas maletas frente a mi casa, esa que en pocos días sería del banco. Una década de esfuerzo y sacrificio que se esfumaba como arena entre los dedos. Todo aquello que consideraba exitoso se estaba derrumbando: la empresa a la que había entregado mi energía, el prestigio que tanto me había costado construir, los amigos que se habían distanciado a medida que todo se desmoronaba... y, ahora, también mi familia, porque en unos días me iría a vivir a más de diez mil kilómetros de distancia, a Brasil. Necesitaba huir con la esperanza de un nuevo reinicio. Recuerdo aún aquella sensación sutil de sentir cómo partes de mí tenían que morir para que nacieran otras nuevas y ese caminar inseguro de abrirme a lo desconocido en un país diferente con un nuevo Tony en reconstrucción. La ruina, que en un principio parecía ser una lista interminable de pérdidas y sufrimientos, se transformó en la piedra angular de un cambio profundo. Fue el punto de partida de un proceso que comienza cuando dejamos de luchar contra la realidad y nos rendimos a ella, hallando en esa rendición la fortaleza para reconstruirnos.

Bueno, bueno, bueno... dejemos los dramas de lado por un momento. Es hora de presentarme en condiciones y compartir contigo de dónde vengo, para que puedas comprender mi experiencia. Mi nombre es Tony, Tony Espigares, y, si te soy sincero, nunca pensé que escribiría un libro. ¡Es curioso, crecí convencido de que tenía dislexia! Siempre tuve la sensación de que las letras bailaban ante mis ojos, y, aunque puede que aún lo hagan de vez en cuando, prometo prestarles mucha atención para que se queden en su sitio mientras te cuento mi historia.

Lo que acabas de leer fue el inicio de uno de los periodos más jodidos de mi vida. Y en esos momentos, cuando todo parece venirse abajo, es inevitable preguntarse: ¿para qué? Entonces comprendes que en verdad únicamente tienes delante de ti dos caminos que se bifurcan:

- Quedarte atrapado en el rol de víctima de un

mundo cruel, buscando sin descanso culpables que reafirmen tu sufrimiento.

- O salir del bucle de ese rol de víctima para convertirte en el creador de la realidad que mereces. Porque para eso estás vivo, ¿no crees? Pero tranquilo, ya profundizaremos en esto más adelante.

Quiero dejar claro que, lejos de vivir en una montaña y pasar mis días meditando, vivo con los pies en la tierra y disfruto de los placeres tangibles y materiales de la vida. Como ahora, mientras destapo un botellín de cerveza Victoria de Málaga y te hablo sobre mí. Por supuesto, también adoro la cerveza de Granada... pero no haré más publicidad antes de que el libro se convierta en un best seller y las marcas decidan pagarme una fortuna por mencionarlas (modo ironía *on*). Porque sí, vivir conectado con tu luz interna es totalmente compatible con deleitarse con una buena cerveza, un café cien por cien arábica o un entrecot jugoso con sal gorda. La vida, después de todo, es un juego inmersivo que refleja lo que crees, sientes y piensas; y está genial darles cabida a esos sencillos rituales y cosas materiales que nos conectan con el presente de una forma real. Ahora bien, tristemente, la mayoría de las personas la viven a través de unas gafas rotas, que les dificulta apreciar y atrapar la existencia como tal.

He de decir que nací en el seno de una familia humilde, cuyo apoyo incondicional ha sido siempre mi mayor fortaleza. Mi madre, Pepa, es ama de casa, y mi padre, Antonio, conocido como «el Tacones», era frutero y ahora disfruta de su jubilación. Desde muy pequeño, siempre sentí una gran responsabilidad, como si mi alma albergara una sabiduría innata inusual para mi edad. La gente que me rodeaba me hizo darme cuenta de que **allá donde iba, florecía en mí el arte de llegar al corazón de las personas.** Los fines de semana me levantaba temprano para ayudar a mi padre en la frutería, y disfrutaba de la gestión completa del negocio; desde la contabilidad hasta el trato con los clientes. Recuerdo un sábado en particular, cuando le dije que no comprendía cómo me daba un sueldo de 4.000 pesetas si él había ganado 35.000. Ante mis valentonadas, respondía con tono jocoso, fantaseando con montar una cadena de fruterías en Granada. Aunque valoraba profundamente todo lo que aprendía de mi padre, sentía en mi interior, como una llama encendida, que había algo más para mí, que mi destino se hallaba más allá de aquellas paredes. Allí empecé a ser consciente de mi habilidad para conectar con las personas y, siendo honesto, ¡formábamos un equipo inigualable! La combinación de la firmeza de mi padre, que como diríamos en Granada, era un *malafollá,* junto con mi amabilidad, creaba una sintonía especial que atraía a los clientes por algo más sutil que comprar fruta. Para ser franco, este ambiente tan particular y enriquecedor me genera una cierta nostalgia mientras lo recuerdo.

Ahora que sabes un poco más sobre mí, te aseguro que me expresaré como un libro abierto

Un libro creado para inspirar, soñar, agradecer, amar, reír, llorar, sorprenderte y sentir que eres merecedor de una vida extraordinaria. Te invito desde ya a cuestionar todo lo que te digo, y lo que diga cualquiera, incluso tu médico de cabecera. *Gafas rotas* es una invitación a que vuelvas a ser niño para amar y reír, y, de este modo, puedas descubrir con los ojos del corazón aquello que la vida siempre ha querido entregarte: amor en forma de oportunidades, billetes, personas y lugares mágicos. Dibuja tu propia ruta. Nadie más puede trazarla por ti. Habrá momentos en los que te preguntes: ¿adónde voy? ¿Qué carajos estoy haciendo? Pero recuerda las palabras de Carl Gustav Jung: «La visión solo llega a ser clara cuando uno puede mirarse el corazón. El que mira hacia afuera, sueña; el que mira hacia dentro, despierta».

De igual manera, te animo a disfrutar de este libro con calma, sumérgete en sus páginas como si cada palabra fuera un tesoro por descubrir. Recuerda que el presente es lo único que existe ahora mismo y que transformar tu perspectiva puede cambiar, al instante, todo lo que la vida tiene listo para ofrecerte. Llévate de estas palabras aquello que, en tu propio camino personal, te sirva como una vela para iluminar el sendero de regreso al lugar donde todo comenzó. Tu ser sabrá qué le resuena y con qué quedarse durante esta lectura. Al fin y al cabo, como suele decirse (y con lo que estoy totalmente de acuerdo), uno es capaz de descubrir y de atender las cosas cuando está preparado, casi nunca antes. Así que también te invito a que regreses a este libro dentro de un tiempo, porque estoy seguro de que podrás reinterpretar algunos de sus contenidos.

Ahora sí, sin más preámbulo y antes de que comience el viaje, quiero compartir contigo un consejo que mi padre siempre me daba sobre cómo disfrutar de las pequeñas cosas de la vida. Cuando comía jamón, solía decirme: «Tómate tu tiempo, no te lo tragues aún, mastica despacio y saborea cada bocado como se merece».

Toda circunstancia aparentemente negativa está envuelta en papel de regalo. Solo cuando mires atrás podrás desenvolverlo y amarlo como parte imprescindible de tu transformación.

1
Gafas rotas: la ilusión de la realidad

Hay muchas cosas en la vida que me apasionan:
un buen café que abriga el alma,
un ataque de risa de esos que hacen que te duela el abdomen,
una mirada cómplice que dice más que mil palabras,
o incluso esos momentos de incertidumbre que, aunque duelen, saben a vida.
Pero si hay algo que de verdad me apasiona es esta idea:
no vemos la vida como es, sino como somos nosotros.
Por eso comenzamos esta aventura con una puerta de entrada al despertar.
A ver la vida con una mirada nueva.
A cambiar la lente desde la que interpretamos todo.
A ponernos unas gafas que, te confieso, me han cambiado la vida: las gafas del amor.

Más allá de la percepción

¿Alguna vez has sentido que disfrutar de un buen día es mucho más que una serie de simples coincidencias, como si un engranaje invisible conspirase para alinear las piezas perfectas sin importar qué hagas o a dónde vayas? Estás tú, como individuo único, y todo lo demás: relaciones, trabajo, dinero, lugares, mascotas... Un sinfín de elementos que forman un entramado interconectado a niveles que apenas alcanzamos a comprender, aquello a lo que llamamos vida y que se extiende hasta el infinito (e incluso más allá). Pero dime, ¿quién eres realmente y qué has venido a hacer aquí? **La compleja danza de creencias, pensamientos y emociones que habitan dentro de ti, muchas veces de manera caótica, decide por ti de forma inconsciente en casi un 95 por ciento de las ocasiones en las que actúas o dejas de actuar.** Entonces, cabe preguntarse, ¿las gafas con las que miras el mundo crean tu realidad *per se* o la distorsionan?

Hace cuatro años, justo después de mi momento más oscuro, mi vida se transformó por completo cuando creé mi canal de YouTube *Vida Extraordinaria*. Hoy, mayo de 2025, puedo mirar hacia atrás y reconocerlo como un punto de inflexión en mi vida, el inicio de algo grande, en el que las sincronías sucedieron como si el universo estuviera respondiendo a mi coherencia interna. Esa coherencia que surgió del convencimiento interno de que debía hacerlo sí o sí. Por eso hoy, desde mi momento presente, con las gafas del amor puestas, quiero acompañarte por un camino similar al que yo recorrí, para inspirarte y ayudarte a reconectar con tu propia luz. Porque sí, la tienes.

De Steve Jobs son estas palabras: «No se pueden unir los puntos mirando hacia delante; solo se pueden unir mirando hacia atrás. Así que no queda otra que confiar en que los puntos se unirán de algún modo en el futuro». **Ese acto de confianza, previo al resultado óptimo o al sueño cumplido, es lo que yo llamo ponerse las gafas del amor.**

¿Cómo logré arreglar mis gafas para llegar a estar enamorado de la vida? Con el corazón en la mano te confieso que sé que atravesé mi momento de crisis para poder despertar. Por eso a menudo me pregunto por qué esperamos a que la vida nos sacuda con una enfermedad, una pérdida o una ruptura (del ámbito que sea) para replantearnos quiénes somos y qué estamos haciendo. **Las crisis no son solo periodos de dolor, son momentos de profunda revelación.** Nos confrontan con nuestra esencia más auténtica, despojándonos de las máscaras que llevamos, y nos exponen a la verdad que tantas veces hemos intentado evitar. De ahí que sea tan importante tener educados los ojos físicos y los del alma, no solo para verlo, sino también para observarlo con suma amabilidad hacia nosotros mismos.

La realidad es que muchas veces vivimos por inercia, siguiendo el camino conocido porque resulta más cómodo que detenernos a cuestionarlo. Además, nos enseña, en cierta forma, a soltar el control y a abandonar la ilusión de manejarlo todo a nuestro alrededor. Nos recuerda que el cambio no es algo que podamos posponer indefinidamente. Lo que antes valorábamos pierde, de repente, su relevancia. Lo esencial surge con fuerza, revelándonos que hemos estado persiguiendo cosas que, al final, no nos brindaban verdadera felicidad. Además, esos momentos de crisis nos permiten resignificar nuestras necesidades y prioridades, algo importantísimo. No es casual que, cuando no escuchamos las señales sutiles, la vida nos grita, nos sacude y nos obliga a frenar. Porque hay momentos en que, si no paramos por nuestra cuenta, la vida lo hará por nosotros con zarandeos, enfermedades y duelos, precisamente para ayudarnos a soltar lo que nos pesa en la mochila y que nos impide avanzar. Cuando la vida me detuvo, aprendí que el éxito real no tiene que ver con la aprobación de los demás, ni con el dinero, ni con los títulos que coleccionas. El verdadero éxito está en vivir en paz contigo mismo, en ser fiel a lo que sientes en lo más profundo de tu ser. Es un éxito que no se mide con los estándares del mundo, sino con la plenitud que emana desde tu corazón. Es esa calma que transforma la forma en que ves la vida, esa conexión que te ancla a lo esencial.

Vivimos la vida como actores en una obra que no escribimos, interpretando papeles que muchas veces ni siquiera comprendemos por completo. Nos movemos al ritmo de las expectativas del entorno, comportándonos como creemos que debe ser, en lugar de conectarnos con lo que somos de verdad. Eso fue exactamente lo que me ocurrió. Me había aferrado al concepto de «éxito» que establece la sociedad y que básicamente consiste en tener una empresa de renombre, rodearte de empresarios influyentes, acumular conquistas amorosas, y asumir que esa abundancia material equivale a felicidad. Creía que esa era «la gran vida». Pero aquella vida se sostenía sobre máscaras y mentiras sociales y particulares, era una vida construida desde una incoherencia interna. Sin darme cuenta, me había alejado tanto de mi esencia que al mirarme al espejo no reconocía a la persona que tenía delante, como si fuera un completo desconocido.

Reconozco que, en mi caso, me aferraba a la imagen que proyectaba hacia el mundo, quizá por temor a descubrir la verdad: que, en el fondo, no era feliz. Me resistía por orgullo a reconocer que todo ese éxito que había alcanzado con sumo esfuerzo era simplemente superficial y vacío, y lo que es peor, que nada tenía que ver con el verdadero Tony que permanecía dormido y acallado tras las máscaras del miedo a ser yo, sin más. Fue un gran choque mirarme con tanta claridad por dentro y comprender que lo que mostraba por fuera no era más que una armadura que ya no me representaba. Muchas veces pienso que, aunque creamos que somos transparentes, que nos mostramos como somos, hasta que no somos capaces de vernos con una aplastante honestidad, no podemos iniciar ese camino de vivir (y reflejar) nuestro yo auténtico. Pero claro, mientras tanto, quienes nos rodean se hacen una imagen de nosotros mismos. Si preguntasen a algún amigo tuyo, a algún familiar o algún compañero de trabajo si creen que tú eres feliz, ¿qué responderían? En mi caso, viéndolo con retrospectiva, creo que la inmensa mayoría de ellos hubiesen respondido que sí, que creían que yo era un tipo feliz. Qué interesante dicotomía, ¿verdad?

Las crisis nos transforman

La pregunta es: ¿por qué esperamos hasta llegar a ese punto de quiebre? Mi hipótesis es que quizá sea porque el cambio conlleva dolor, y como seres humanos tendemos a evitarlo a toda costa, incluso si eso implica engañarnos a nosotros mismos. Nos aferramos a lo conocido por miedo a perder aquello que creemos poseer. Sin embargo, cuando una crisis irrumpe en nuestras vidas, nos fuerza a transformarnos, a soltar lo que ya no nos sirve en el presente y a abandonar una vida que tal vez nunca fue realmente nuestra, sino la que construimos para cumplir con las expectativas de otros o con las propias que nos habíamos impuesto. Y lo más paradójico es que, tras la crisis, el dolor y la confusión, descubrimos que somos más fuertes de lo que imaginábamos y que la vida simplemente nos estaba empujando hacia una versión más auténtica de nosotros mismos.

Estés pasando por una crisis o no, si tienes las gafas rotas solo estás viendo la vida real como tu cerebro la programó para tu supervivencia. La ciencia afirma que solo vemos el 0,00001 por ciento de la realidad, que corresponde a la materia como tal. El 99,99999 por ciento restante es energía: frecuencias vibratorias que nuestros cinco sentidos no pueden captar. Lo que la neurociencia nos desvela es que no ves la vida como es, sino a través del filtro de lo que eres, o, con total certeza, de lo que crees ser.

En el Estudio de Gemelos de Minnesota realizaron un seguimiento a gemelos idénticos que, a pesar de compartir el mismo legado genético, habían crecido en hogares distintos tras ser separados al nacer. Con el paso del tiempo, sus caminos revelaron diferencias notables en sus comportamientos y valores que se relacionaban con el entorno en el que habían crecido. En la actualidad, la epigenética ha demostrado que factores como la alimentación, el estado emocional, la actividad física, la calidad del sueño y los niveles de estrés pueden influir en la activación o desactivación de ciertos genes. Estas modificaciones epigenéticas alteran la forma en que las células utilizan la información genética, lo que puede repercutir considerablemente en la salud del organismo y en quién, gracias a tus hábitos físicos y mentales, terminarás siendo. ¡¿No te parece fascinante saber que ni siquiera la ciencia respalda la obligatoriedad o seguridad de que lo que somos a día de hoy es lo que seremos dentro de diez, veinte o cuarenta años?!

Tres factores que condicionan las gafas con las que observamos el mundo

Puede que estés pensando: ¿cómo comenzar a ver el mundo de manera diferente? Es probable que, como la mayoría de nosotros, hayas crecido con la idea de que no podemos cambiar, que tenemos que aceptarnos tal cual somos y, en el peor de los casos, resignarnos a lo que hay. Pero quiero decirte algo desde la confianza absoluta que tengo en ti y en el ser humano: no estás limitado, tienes un potencial enorme que quizá aún no has explorado.

Así que vamos a cuestionar juntos esas ideas que consideras inamovibles. Hay tres factores fundamentales que han moldeado tu identidad, pero recuerda que esta identidad es solo una pequeña parte de todo lo que eres y todo lo que puedes llegar a ser.

1. Piensa en todas esas creencias que han pasado de generación en generación en tu familia y las que has reforzado por las experiencias que has vivido en los entornos donde has interactuado. A nivel práctico, es como si te hubieran insta-

lado una serie de programas en tu sistema, sin que llevaran ningún tipo de antivirus que los filtrase, y ahora estás funcionando con una carga de creencias e ideas que no elegiste de una manera consciente. Muchos de estos programas te consumen energía, ralentizan tu rendimiento y crean conflictos internos. Y todo ello ocurre porque, hasta los siete años, somos como esponjas y absorbemos todo lo que nos rodea. Es decir, imitamos literalmente lo que vemos y escuchamos: desde las enseñanzas familiares hasta el sistema educativo, las finanzas, la religión, la política, los medios y un largo etcétera. Que esto sea así no debe hacer que te sientas culpable, solo lo expongo para que seas consciente de ello.

2. En segundo lugar, está tu entorno, y moldea continuamente el rol que desempeñas en el mundo. No es lo mismo nacer en una gran ciudad como Pekín que en un pequeño pueblo en el sur de España. El lugar donde naciste, la cultura y las circunstancias que te rodean afectan profundamente a cómo interpretas tu realidad. Y la gran mayoría de las personas se sienten víctimas de su entorno, como si, potencialmente,

no tuvieran la capacidad de construir una vida mejor.

3. Y, en tercer lugar, el estado armonioso de tu cuerpo influye en tu percepción. Si vives en un estado constante de estrés, como la mayoría de los occidentales, vas a interpretar la vida como algo duro, complicado, competitivo y, por qué no decirlo, jodido. El estrés hace que tu sistema nervioso esté en alerta casi de forma permanente, altera tu visión del mundo y distorsiona tu realidad por el simple hecho de que vives en un desequilibrio absoluto. Este estado de supervivencia extrema lo visualizo como un gato que está preparado para pelear, luchar o huir, con el semblante tenso y el lomo erizado. Con esa actitud y esa manera de afrontar tu realidad, ¿qué esperas que te devuelva la vida?

¿Qué gafas llevas puestas para ver el mundo?

1. ¿Qué creencias sobre ti mismo has asumido como verdades inamovibles, y cómo te están limitando?

2. ¿Cómo ves a las personas y las situaciones a tu alrededor? ¿Estás interpretándolas desde tus miedos o desde una perspectiva más abierta y compasiva?
3. ¿Qué partes de tu vida estás filtrando a través de expectativas externas, en lugar de lo que realmente deseas para ti?
4. ¿Hay alguna experiencia pasada que esté condicionando tu forma de ver el presente? ¿Cómo cambiaría tu vida si vieras esa experiencia de otra manera?
5. ¿Qué ideas o pensamientos recurrentes tienes sobre tu éxito, tu valía o tus relaciones, que podrían estar distorsionando tu realidad?

A partir de aquí, quiero ir compartiéndote algunos hábitos que, en mi propia transformación, marcaron una diferencia real. No te los tomes como normas ni como mandamientos. Son propuestas. Anclas. Pequeños recordatorios para volver a ti en medio del ruido. Algunos te resonarán, otros no. Pero si tan solo uno de ellos logra encenderte algo por dentro, habrá cumplido su propósito.

Hábito n.º 1: el testigo despierto

Justo al despertar, antes de moverte, conviértete en testigo de tus primeros pensamientos, de tus primeras emociones, de cómo comienza el piloto automático. No los juzgues ni te identifiques con ellos, obsérvalos como si fueran ajenos a ti.

¿Qué voz aparece en tu mente al abrir los ojos? ¿La voz de la prisa? ¿La voz de la duda? ¿La voz de la obligación?

Permanece unos minutos en ese estado de observador silencioso, como si vieras pasar un tren con vagones cargados de ideas viejas. No te subas. Solo mira. Reconoce que esa voz automática no eres tú, sino el eco de miles de días vividos en piloto automático. Y en ese instante de lucidez, regálate esta pregunta:

«¿Desde qué prisma quiero contemplar mi día hoy?».

En ese instante, el cambio comienza.

MEDITACIÓN 1

Gafas rotas: la ilusión de la realidad

2

Sanación transgeneracional: rompiendo patrones ancestrales

Quiero ser sincero y contarte que, aunque tras mi crisis emprendí un viaje a Brasil con la esperanza de hallar respuestas, la realidad fue otra: seguía tan arruinado como antes, cargando con la misma sensación de vacío que me acompañaba al partir. Sin embargo, esa búsqueda incesante de algo más allá de lo tangible me llevó por caminos místicos y alternativas inesperadas: constelaciones familiares, reiki, tarot... No encontraba «la respuesta», pero sí intuía que había una carga invisible que me pesaba en lo más hondo. Algo que no sabía nombrar, pero que estaba íntimamente ligado a mi ser terrenal. Mientras yo seguía perdido, mi hermana Celia se convirtió en un faro de resiliencia. Ella no buscaba respuestas, las creaba. Cuando regresé a España, acababa de abrir una peluquería. No era su primer intento ni sería el último, porque Celia tiene esa capacidad de reinventarse una y otra vez. Dos divorcios, la fortaleza de criar sola a sus hijos, las sacudidas de la vida… y, aun así, seguía brillando. Verla florecer mientras acompañaba a otros fue, para mí, un recordatorio de que sí era posible volver a empezar. Y justo en su peluquería fue donde se me abrió una puerta inesperada. Una de las trabajadoras me habló de una terapia poco convencional. No tenía nombre reconocible, ni estructura formal, pero había algo en su forma de describirla —y, sobre todo, en la insistencia amorosa de Celia— que me hizo decir que sí. —Tienes que probarlo —me dijo—. Podría ayudarte a soltar lo que llevas dentro. No sabía muy bien a qué iba, pero fui. Y no salí igual.

Antes de contarte lo que sucedió aquel verano, quiero confesarte algo que nunca entendí hasta mucho después: desde pequeño, sentía como si alguien me apretara el pecho desde dentro. Una presión constante. No era ansiedad, ni asma, ni nada que los médicos pudieran diagnosticar. Me hicieron pruebas, placas, electrocardiogramas Todo salía bien. Pero yo lo sentía igual. A veces más leve, a veces tan intensa que me costaba dormir o respirar con calma. Me acompañó a lo largo de muchos años, como un fantasma que nadie más veía, pero que yo llevaba clavado entre las costillas. Durante mucho tiempo pensé que ese dolor era mío. Que algo en mí estaba roto. Pero no era así. Aquel peso venía de mucho más atrás. Era una herida antigua. No me pertenecía y, sin embargo, la vivía en carne propia. Más adelante comprendería que no solo heredamos el color de ojos o la forma del cuerpo, también cargamos pactos invisibles, lealtades ciegas. Ese dolor, lo supe después, venía de una mujer de mi linaje. Una bisabuela que lloraba sobre mi pecho como si yo fuera el último refugio de su pena. Y fue entonces, en medio de ese dolor inexplicable, cuando todo cambió. Ahora sí, vamos allá.

Mi encuentro con el pasado

Era el año 2019, y en ese momento yo vivía en Londres, pero aquel verano volví a España unos días buscando un respiro y algo de calma. Unas vacaciones que, en el fondo, eran una excusa para escapar de un ruido interno que no sabía cómo silenciar. Por fuera todo parecía normal, pero por dentro me sentía igual de perdido que antes de marcharme. Y fue justo durante esos días de vacaciones en nuestro país cuando sucedió algo inesperado. Todo comenzó en la peluquería de mi hermana Celia, en Granada. Un lugar lleno de secadores encendidos, risas y ese aroma a casa que solo tiene el sur. Allí, entre traqueteos de tijeras y charlas de barrio, se abrió una puerta invisible que me llevaba directamente a mi historia. Y al cruzarla, cambiaría mi vida para siempre.

La sesión comenzó con un ejercicio de concentración, fijando la vista en un punto de la pared marcado por dos varas. Sin embargo, a medida que pasaba el tiempo y la concentración se incrementaba, algo en mi interior empezó a agitarse. La terapeuta iba guiando la sesión con un tono de voz que lograba atravesar zonas inexploradas. Y entonces, sucedió algo. Ante mí apareció una imagen que, en primera instancia, percibí terrorífica: una mano negra, alargada, de dedos delgados y huesudos, torcidos por la artrosis se aferraba con fuerza a mi corazón. Era una mano vieja, que surgía de forma tenue desde la oscuridad y con ella, una tristeza sombría me envolvía sin miedo. Repentinamente, lo vi todo con claridad. Mi corazón flotaba en un espacio oscuro, y allí estaba ella: una mujer mayor, de unos setenta años. Llevaba rodetes en el pelo, un delantal desgastado, testigo mudo de largas jornadas de trabajo, y unas piernas arqueadas que parecían sostener el peso de una vida llena de sufrimiento.

Al instante, vi a esa misma mujer en su casa, sentada en un rincón. Se cubría el rostro con las manos y lloraba desconsoladamente, evocándome la carga de una vida que también sentía como parte de mí. Estaba conectado a ella de una forma inexplicable, e intenté consolarla. «Hiciste lo mejor que pudiste —le dije, mientras las lágrimas caían por mis mejillas—. Ahora es el momento de partir. Puedes liberarte. Puedes descansar». Al pronunciar esas palabras, su rostro se suavizó y una luz cálida comenzó a envolverla hasta que su figura se desvaneció poco a poco. Entonces... ¡Boom! Sentí que mi corazón se expandía por completo. Mis pulmones respiraban un aire fresco, podría ser eucalipto, olor de pureza, libertad, amor, perdón. Una sensación de liberación se apoderó de mí, como si mi pecho por fin se liberara de aquella carga y de aquel dolor que no era mío y que me había estado aprisionando con cadenas invisibles. Toda esa energía que se había quedado bloqueada en mi corazón salió en forma de lágrimas. Lloré como nunca lo había hecho, pero también sentí una oleada de ligereza, paz, alivio y amor de una intensidad que no conocía.

Las conexiones del linaje

Esa noche, al llegar a casa, le conté la experiencia a mi madre. Le hablé de la mujer que había visto, de su delantal, de sus piernas arqueadas. Ella me miró con los ojos llenos de lágrimas y me dijo: «Esa mujer es mamá María, mi abuela, quien me crio». Me quedé boquiabierto y mi madre empezó a contarme su historia, marcada por injusticias de película. Su marido la había abandonado tras descubrir que estaba embarazada de un hijo que no era suyo, y la dejó con cuatro niñas y sin un techo bajo el que vivir. Carmela, la cuñada de su esposo, se adueñó de todas las propiedades que él había destinado para ella, y eso condenó a mamá María a una vida de miseria. El nombre lo tenía guardado en mi subconsciente, y resonó en mi mente como un eco: Carmela, la mujer que arruinó a mi bisabuela. Años después, mi propia abuela, también llamada Carmela, llevaba consigo ese patrón de ruina, un vínculo kármico que parecía perpetuarse en nuestro linaje.

Cuando conversé con mi tía Carmela, compartió conmigo un detalle asombroso. Me reveló que, cuando falleció mamá María, mi abuela, siendo solo una niña de ocho años, percibió su partida a pesar de estar a kilómetros de distancia. Según mi tía, mamá María se le apareció a mi abuela y le dijo: «Ve a Alfacar y dile a mi hermano que Carmela ha muerto». Parecía que, en el instante de trascender, mamá María había hallado la manera de perdonar y de esta manera pudo cerrar el círculo que había atormentado su existencia.

Romper el círculo

Citaré al terapeuta familiar Terry Real, quien sostiene lo siguiente: «La disfunción familiar se propaga de generación en generación, como el fuego en el bosque, y arrasa con todo lo que se le cruza, hasta que una persona de una generación posterior tiene el valor de dar media vuelta y enfrentarse a las llamas. Esa persona aportará paz a sus antepasados y evitará sufrimientos a los niños que la siguen».

Con aquella experiencia me enfrenté a las llamas y comprendí que la mano negra en mi corazón era un pacto invisible que me ataba al sufrimiento y a la ruina de mamá María como mi propio destino. Y que, al perdonar y hacer consciente aquel dolor, no solo me liberaba yo, sino también el linaje familiar y rompería el círculo para no perpetuar aquel destino ruinoso.

Sanar no es solo un acto individual; es un acto de amor hacia quienes nos precedieron y las generaciones futuras. Es liberar, honrar y, finalmente, trascender. Porque en el momento que reconocí que esas creencias no me pertenecían, pude perdonar en presente la injusticia, la ruina, la escasez y el abandono del dinero. Sí, literalmente el dinero me abandonaba cuando parecía que más lo poseía.

Aunque nos cueste verlo, cargamos memorias que no empezaron con nosotros. La epigenética ya ha demostrado que ciertos traumas —abortos, abusos, pérdidas, secretos— se graban en el cuerpo y pueden transmitirse durante al menos tres generaciones. Es como si el clan dejara conjuros pendientes en forma de patrones. Lo que no se nombra, se repite. Y lo que no se sana, se hereda. Por eso muchas veces nuestros vínculos no son casuales: nuestros padres, nuestras parejas, nuestros hermanos... aparecen en nuestro camino para espejarnos un trabajo profundo del alma. A veces hay que mirar atrás, con amor y coraje, para liberar lo que no nos pertenece y evitar seguir arrastrando una historia que no escribimos pero que podemos reescribir.

Nuestra conexión con el pasado

La ciencia respalda la idea de que estamos intrínsecamente conectados a las tres generaciones que nos preceden. Visualizo esta conexión como un aguacate:

- **La cáscara** representa a nuestros abuelos. La piel del aguacate es la base de lo que somos. Encarna el vínculo con nuestras raíces más profundas y las creencias más arraigadas en el subconsciente, y al desconocerlas, repetimos las mismas historias una y otra vez.
- **La pulpa** simboliza a nuestros padres, son el apoyo y el alimento emocional que nos guía y moldea e, indirectamente, transmiten los secretos de la generación anterior, los cuales conformarán nuestra «sombra».
- **El hueso nos** representa a nosotros mismos y contiene el potencial para dar lugar a una nueva planta. Somos el núcleo de esta red generacional. Llevamos en nuestro interior la capacidad

de crecer, evolucionar y transmitir nuestra propia herencia a futuras generaciones.

Información científica relevante

Según varios estudios de neurociencia, nuestras células pueden acumular información y vivencias de generaciones anteriores a la nuestra, que son transmitidas a través del ADN y, aunque desconocemos su existencia, influyen en todas nuestras acciones y en las decisiones que tomamos. Esto nos lleva a preguntarnos cómo podemos liberarnos de esos lazos invisibles, para ser capaces de vivir nuestra verdadera historia sin condicionamientos heredados. Un estudio de Rachel Yehuda sobre los descendientes de supervivientes del Holocausto demostró que el estrés extremo deja una huella química en los genes que se puede heredar. Sin embargo, estos legados se pueden resetear con prácticas como la meditación, la respiración y la gestión emocional.

En el libro *Este dolor no es mío*, Mark Wolynn analiza los traumas emocionales que se han quedado atrapados en nuestro cuerpo, y que se transmiten de generación en generación si no somos capaces de ponerles voz y soltar el drama que los convirtió en un secreto. Aunque se trata de una tarea ardua y que requiere constancia, podemos transformar nuestra relación con ellos si los identificamos, los tornamos en una percepción de amor y soltamos el victimismo de sentirnos parte de esa historia. No lo olvides, podemos transformar nuestra relación con ellos y romper el ciclo.

Metamorfosis interior: las tres preguntas para soltar

Si quieres cambiar tu vida, empieza por revisar tu historia interna. Mucho de lo que pensamos y sentimos a diario no lo elegimos conscientemente. Desde que nacemos, absorbemos creencias y patrones que ni siquiera recordamos haber aceptado. Nuestro subconsciente guarda una cantidad ingente de historias. Si quieres empezar a soltar lo que te limita, hazte estas tres preguntas que te ayudarán a identificar y conectar con posibles patrones transgeneracionales:

1. **¿Qué patrones familiares estoy repitiendo sin darme cuenta?** Observa tu vida con detenimien-

to. ¿Tienes dificultades económicas, relaciones complicadas, enfermedades o miedos que se han ido replicando en tu historia familiar y en tu linaje?

2. **¿Qué emociones heredadas siento como propias?** Según el doctor Bradley Nelson, cuando experimentamos una emoción ocurren tres cosas. Primero, nuestro cuerpo genera la vibración emocional. Después, comenzamos a sentir la emoción y cualquier pensamiento o sensación física que la acompañe. Y, en tercer lugar, elegimos soltar la emoción y seguimos adelante. Cuando se completa este último paso se nos permite dejar atrás la experiencia emocional. Sin embargo, si interrumpimos el proceso, dicha experiencia quedará incompleta y la energía derivada permanecerá atrapada en el cuerpo. Teniendo esto en cuenta, te invito a que pienses en las emociones que aparecen en tu día a día: ¿tristeza, culpa, rabia, miedo? ¿De dónde proceden realmente? Y ahora, hazte la siguiente pregunta: ¿hay alguien en mi familia que las vivió intensamente? Esto te lo digo porque probablemente observes que muchas de ellas forman parte de la historia de nuestra

familia, y que se quedaron atrapadas y llegaron a nosotros por herencia. Reconocerlas es el primer paso para soltarlas y sanarlas.

3. **¿Qué historia familiar podría estar influyendo en mi presente?** Averigua sobre tus abuelos, bisabuelos, sus vidas, sus luchas. ¿Qué vivieron? ¿Cómo afrontaron sus pérdidas, crisis económicas o sacrificios?

Lo que realmente transforma no es solo conocer el origen de tu identidad, sino reconstruirte desde ahí, amando e integrando ese legado en tu propia alma y esencia. No se trata de cargar con el pasado, sino de honrarlo, comprenderlo y usarlo como raíz e impulso para escribir tu propia historia.

Hábito n.º 2: devuélvelo al fuego

Una vez por semana —preferiblemente al caer la noche, cuando el mundo se silencia— crea un ritual sagrado solo para ti. Siéntate con la espalda erguida, en silencio. Frente a ti, coloca una vela encendida, no como un simple adorno, sino como un símbolo. Esa llama representa la vida, la memoria, el fuego ancestral de tu linaje. Cierra los ojos. Respira hondo. Siente tu cuerpo y tu sangre. Siente la presencia de aquellos que te precedieron. Y en este momento, lleva tu atención al centro de tu pecho y hazte una sola pregunta: **«¿Qué dolor estoy cargando que no nació en mí?».**

No apresures una respuesta con la mente. Permite que surja con naturalidad lo que tenga que darse: una emoción, una imagen, un recuerdo, incluso un suspiro. Tal vez sientas un nudo en el estómago, una presión en el pecho o una lágrima que no sabes de dónde proviene. Esa es la señal. Cuando lo tengas, visualiza ese peso (ese miedo, esa tristeza que nunca fue tuya) reposando en tus manos. No necesitas entenderlo, solo sentirlo. Y ahora, en tu mente, acércalo al fuego.

Devuélvelo. Suéltalo. Honra el dolor. Entrégalo a la llama

Permanece ahí, respirando, hasta que percibas que algo dentro de ti ha cambiado. Tal vez no sepas exactamente qué fue, pero sentirás la ligereza de una carga que ya no te pertenece. Eso es la sanación transgeneracional: no es comprender, es liberar. No es conocer, es soltar. Haz de este ritual un acto de amor hacia ti, hacia los que estuvieron antes y hacia quienes vendrán en el futuro.

3

Rompe el hechizo de las creencias limitantes

«Espigares, nunca hablarás inglés». Esta frase que mi profesor pronunció con vehemencia cuando yo apenas tenía diez años se almacenó como decreto divino en mi subconsciente; hasta tal punto me creí mi incapacidad con el inglés, que cada vez que lo estudiaba, mi cerebro se bloqueaba. «No soy bueno para los idiomas», me decía. Y como fiel seguidor de mis propias convicciones, transformé esa idea en mi realidad. Pero la vida tiene un sentido del humor peculiar. Y, ante todo, una manera bastante particular de hacerte saber que es ella quien maneja el timón.

Cuando me arruiné y me trasladé a Brasil, en tres meses ya hablaba portugués. No con el nivel de un catedrático, pero lo suficiente como para comunicarme sin problemas. Fue entonces cuando me di cuenta de que algo no encajaba. Si se suponía que era un negado para los idiomas, ¿cómo demonios había aprendido portugués tan rápido? Años más tarde, cuando me mudé a Inglaterra, esa misma creencia volvió a acecharme. Sin embargo, el destino tenía otra lección guardada para mí: me enamoré de una inglesa. Como bien dicen, el primer idioma se aprende en la cuna y el segundo en la cama. Lo curioso es que también me creí esa frase. Y adivina qué: aprendí inglés. Ahí entendí algo que cambiaría mi vida para siempre: las creencias son como hechizos. Si las aceptas, te controlan. Si las desafías, las rompes.

El hechizo de mis creencias sobre el dinero

Mi profesor no fue el único en meterme ideas en la cabeza. Toda mi vida estuve rodeado de frases que moldeaban mi realidad sin que yo me diera cuenta.

Y claro, esas frases no venían solas. Se colaban por todos lados: en la cocina, en los trayectos al cole, entre cajas de melocotones. Mi padre era frutero —ya lo mencioné antes— y cada tarde, después de comer, se sentaba en su sofá. Su sofá, porque nadie más podía sentarse ahí. Y desde ese trono sagrado, metía la mano en el bolsillo amplio de sus pantalones de pinzas y sacaba un buen fajo de billetes. Yo, con los ojos como platos, le decía: «¡Papá, madre mía, cuánto dinero!». Y él, sin apenas mirarme, respondía: «Este dinero no es mío, es para pagar la fruta». No lo decía una vez. Lo repetía. Día tras día. Y en ese repetir, se iba grabando en mí una idea invisible: que el dinero no era para quedarse, que era para pasar, para irse, que no era mío tampoco. Ese dinero no es mío ese dinero no es mío ese dinero no es mío. Como un eco que se incrusta en el inconsciente y, sin darte cuenta, se convierte en patrón. Lo repites sin saber que lo llevas dentro. Lo vives sin saber de dónde viene. Y entonces te preguntas por qué el dinero se escapa justo cuando parecía que ya era tuyo.

- «Hay que sacrificarse muchísimo para conseguir lo que quieres».
- «El dinero no crece en los árboles».
- «Para ser alguien en la vida, tienes que trabajar duro y sin descanso».

¿Te suenan familiares? Las creencias que absorbemos durante la infancia actúan como el *software* que gobierna nuestro cerebro. Sin darnos cuenta, terminamos operando con un sistema obsoleto, repleto de limitaciones y fallos.

Ahora, hay algo importante que quiero que entiendas: las creencias no solo te limitan, también tienen el poder de empoderarte e impulsarte. Afortunadamente, siempre hubo algunas creencias dentro de mí que me motivaban e impulsaban hacia la conexión conmigo mismo y mi auténtico potencial.

- **«Voy a ser rico».** (Desde niño lo sabía, aunque más tarde comprendí que la verdadera riqueza va mucho más allá del dinero).
- **«Voy a construir una vida en la que el dinero trabaje para mí y no al revés».**
- **«La abundancia es natural y está en todas partes».**
- **«Cuidar mi cuerpo es honrar mi templo».**
- **«Voy a nutrirme con amor, descanso y alimentos que me den vida».**

Porque, sí, la riqueza también significa tener tiempo de calidad con mis hijos, verlos crecer rodeados de amor, despertarme sin prisas y disfrutar del sol sin estar atado a un horario asfixiante. Y ahora te pregunto:

¿Estás utilizando un *software* que te restringe o uno que desbloquea todo tu potencial?

El poder de las creencias: identifica para soltar cadenas

La neurociencia ha demostrado que el 95 por ciento de nuestras decisiones diarias son guiadas por el subconsciente, tal como expone el doctor Bruce Lipton en su libro *La biología de la creencia*. Esto implica que, en la mayoría de las ocasiones, operamos en un modo automático, repitiendo patrones de pensamiento sin detenernos a cuestionarlos. El inconveniente es que muchas de estas creencias se almacenan sin filtro en el subconsciente, dado que hasta los siete años el cerebro opera en estado theta, un tipo de ondas cerebrales asociadas con la hipnosis. Esto implica que, durante esa etapa, todo lo que nos dicen es absorbido como una verdad absoluta.

Si desde niño escuchaste decir que «el dinero es difícil de ganar», cada vez que intentas generar abundancia, una parte de ti, arraigada en esa creencia, te sabotea sin que te des cuenta. Estas palabras, grabadas profundamente en tu ser, se convierten en cadenas invisibles que te impiden alcanzar la prosperidad deseada. Pero aquí está la clave: **las creencias NO son verdades universales; son solo pensamientos repetidos una y otra vez** hasta que se transmutan en tu realidad. Esto significa que, si se han implantado en tu mente, pueden ser desacreditadas y eliminadas. ¿Cómo llevarlo a la práctica? Joe Dispenza lo explica de manera brillante en su libro *Desarrolla tu cerebro*: «La vía de salida que nos permitirá escapar de nuestras inclinaciones genéticas es aprender información nueva y vivir nuevas experiencias continuamente. Así es como podemos actualizar nuestro cerebro». En otras palabras, cultiva pensamientos nuevos y realiza acciones diferentes que resuenen con tu propósito y potencien la riqueza que llevas dentro.

El primer paso: reconocer el programa que decide por ti

Si algo realmente transforma tu vida no es solo repetir afirmaciones positivas, sino tomar consciencia de las creencias que rigen tu día a día. Para que puedas ponerlo en práctica, no basta con decir «Soy millonario» cuando, en realidad, sientes tanta carencia dentro de ti, que hasta te sientes culpable por gastar dinero en tomarte un café. Se trata de despertar y escuchar tu propia voz interna, prestando atención a esos momentos del día en los que, sin darte cuenta, tu mente repite la misma historia de siempre, con una narrativa totalmente idéntica a la de tu madre o tu padre. La trampa radica en la incoherencia de expresar afirmaciones que no resuenan con tu sentir interno. Tus creencias inconscientes siempre tendrán más fuerza porque llevan años arraigadas en tu red neuronal. Por eso, no basta con cambiar las palabras; es necesario reemplazar esas creencias por otras nuevas, asociadas a experiencias reales que sientas y asumas como propias y como verdad dentro de ti. Dicho de otra manera, necesitas encarnar la emoción de esa nueva creencia.

Aquí tienes un ejercicio simple pero poderoso que te ayudará a identificar esos pensamientos que surgen automáticamente en tu mente, sin que apenas te percates:

1. **Durante un día completo, observa tu diálogo interno.**

   ¿Qué te dices cuando compras algo caro?

   ¿Qué piensas cuando ves a alguien exitoso?

   ¿Qué frases surgen en tu cabeza cuando sueñas con un futuro mejor?

2. Apunta las creencias que repites sin darte cuenta.

«Eso es muy caro».

«La vida no es fácil».

«No se puede tenerlo todo».

3. Pregúntate: ¿de verdad quiero seguir creyendo esto?

Si la respuesta es «no», entonces ha llegado el momento de reescribir tu historia.

Rompe el hechizo

Mi padre tenía una costumbre muy suya: sentaba a todos sus hijos en las rodillas hasta que le llegaban a la barbilla. Ese era el momento oficial del «paso a la silla de los mayores». Una especie de tradición silenciosa que marcaba el cambio. Yo era el más pequeño de cuatro hermanos —y también el más rellenito—, así que aguanté más tiempo que nadie en esa rodilla. Me llamaba «mantecas». No con burla, sino precisamente por lo tierno que estaba. Y con los años, me puse más fuerte que un limón, y empecé a devolverle el apelativo: «mantecas», le decía yo a él, lo que nos hacía reír como dos cómplices que comparten un secreto.

Hay algo que comprendí con el tiempo: a veces, lo que comienza como un gesto inocente se convierte en una semilla silenciosa. Ese mote fue echando raíces y, al cabo del tiempo, formó parte de mi identidad. Y sin darnos cuenta, se convierte en una etiqueta, un hechizo. Uno de esos que definen cómo nos vemos mucho antes de saber quiénes somos. En esta metamorfosis interior, vamos a romper esos hechizos. A soltar las frases heredadas, los «tú siempre has sido así», los «esto no es para ti», los «nunca vas a lograrlo». Es hora de arrancar esas etiquetas del alma y reclamar el derecho a elegir tu identidad. Porque lo extraordinario que hay en ti no obedece a ningún calificativo. Y está esperando a que lo mires con tus propios ojos. Ahora es momento de empezar a cuestionar ciertas cosas. De levantar con suavidad la alfombra y ver qué pensamientos llevan años acumulando polvo debajo. Pregúntate con honestidad:

- ¿Qué pensamientos o respuestas repites más en tu día a día ante lo que te sucede?
- ¿De quién heredaste esas creencias? ¿Quién expresa esos mismos pensamientos o ideas de tu familia?
- Si pudieras elegir conscientemente, ¿qué nueva creencia pondrías en su lugar, que te haga sentir mejor?

- ¿Cómo cambiaría tu vida si empezaras a actuar desde esa nueva creencia?

Si algo he aprendido en mi viaje es que la vida está en constante cambio; nunca es fija ni predeterminada. Y a pesar de que aquel profesor me aseguró que jamás hablaría inglés, aquí estoy, en Londres, conversando, escribiendo y viviendo plenamente en un idioma que, según él, nunca lograría dominar. Así que dime:

¿Qué creencia estás preparado para desafiar y cambiar hoy?

Hábito n.º 3: elige tu nuevo *software*

Tienes dos caminos:

1. **Continuar usando el viejo *software*,** cargado de limitaciones y creencias heredadas que no te benefician, viviendo en modo de supervivencia.
2. **Instalar un nuevo programa que te empodere,** te expanda y te ayude a vivir la vida que realmente deseas, en modo de creación.

Si decides que el dinero fluye hacia ti con facilidad, siente la certeza en cada célula de tu cuerpo, siente la libertad fluyendo por tu piel. La abundancia y tú sois uno, no hay nada que te separe de ella más que tu propio rechazo a disfrutar de la riqueza y a sentirte merecedor. Cuando tienes la seguridad de que la vida es abundante, tu apertura a recibir se expande y todo llega de una manera perfecta y en el momento perfecto. Se trata de alinearse con la vibración de la realidad que deseas manifestar.

¿Cómo puedes crear lo que deseas? Lo descubrirás en los próximos capítulos. Por ahora, lo importante es hacer visible lo invisible y empezar a iluminar el camino que vayas desbloqueando.

MEDITACIÓN 2

Sana el linaje

4

Rompiendo los límites de la consciencia

Aunque hoy me encuentre en uno de los momentos más dulces de mi vida —con una familia que es mi refugio, salud, propósito, expansión y una plenitud que a veces me hace llorar de gratitud—, no siempre fue así. He sido un alma inquieta y, si soy sincero, «travieso» es solo una manera elegante de decir que durante mucho tiempo me perdí. No entraré en detalles, porque no se trata de hacer un inventario del pasado y anclarme a él. Pero sí puedo contarte que caminé por túneles muy oscuros. Busqué luz en la música electrónica, en el alcohol, en noches que parecían eternas y en un ruido que, en el fondo, solo intentaba acallar el grito del alma. Y aunque parecía que estaba huyendo de mí, en realidad estaba dando vueltas desesperadas para volver a encontrarme.

Hoy no vengo a hablarte de escapismo. Vengo a hablarte de expansión. De cómo los estados alterados de consciencia, cuando se transitan con intención, respeto y conocimiento, pueden convertirse en verdaderos portales de transformación.

Estados alterados de consciencia

La consciencia humana es una sorprendente paradoja: puede llevarnos a la más incoherente locura y encerrarnos en una desoladora jaula o puede ser la llave que nos abra puertas mágicas a un mundo lleno de oportunidades. Cuando permanecemos en trance automático, quedamos atrapados en una versión reducida de nosotros mismos; limitados por creencias, patrones y estímulos que nos encadenan a un estado alterado de consciencia negativo. Ahora bien, cuando aprendemos a *hackear* nuestra propia mente, cuando nos atrevemos a desmantelar la ilusión del yo y nos fusionamos con algo mucho más grande, accedemos a estados en que lo imposible deja de existir. Los antiguos místicos lo llamaban iluminación; los neurocientíficos lo llaman estado de flujo. Los Navy SEAL, en el campo de batalla, lo llaman «*The Mind Gym*», el gimnasio de la mente, donde entrenan su consciencia para operar como una sola unidad, entrando en sincronización perfecta.

Y aquí está la gran revelación: los estados alterados de consciencia no son meras experiencias místicas o esotéricas, sino herramientas prácticas y tangibles. Son códigos que, si aprendemos a manejarlos, nos permiten *hackear* nuestra biología, superar límites y alcanzar un poder que ha permanecido latente en nuestro interior, hayamos creído o no en él.

Estamos sumergidos en un estado alterado negativo

Cuando se habla de estados alterados de consciencia muchos piensan en chamanes del Amazonas tomando ayahuasca o meditadores en el Himalaya alcanzando la iluminación. Sin embargo, la mayoría de las personas ya experimentan estados alterados de consciencia, aunque en la peor versión posible.

Observa la sociedad moderna, un reflejo distorsionado de lo que alguna vez fue conexión genuina. Miradas atrapadas en el brillo de pantallas virtuales sin alma, buscando sentido en destellos fugaces de dopamina. Cuerpos agotados que se mueven por inercia en una rutina que los desnutre de energía vital. Alimentados con productos artificiales —comida procesada, información vacía, vínculos superficiales—. Mentes ahogadas en el caos de pensamientos en bucle, anhelando el suave respiro de la serenidad. Acostumbrados al ruido y olvidando lo esencial.

La tecnología ha perfeccionado la esclavitud moderna y nos ha sumido en una ilusión sobre nuestra verdadera esencia: un secuestro de la consciencia que nos desconecta de nuestra luz interior, de nuestra autenticidad, de nuestra esencia. Las redes sociales, los servicios de *streaming*, los videojuegos, las aplicaciones móviles y las plataformas de comercio electrónico, entre otras herramientas, pueden ser beneficiosas cuando se utilizan de forma consciente y selectiva, tanto en el tiempo como en el contenido. No obstante, su uso excesivo, sumado a la falta de un criterio reflexivo por parte de los consumidores, está distorsionando nuestra percepción de la realidad, debilita nuestra identidad como individuos y nos aleja de aquello que realmente importa en la vida.

Algunos de los efectos de este estilo de vida serían los siguientes:

- Relaciones superficiales que carecen de intimidad por miedo a ser dañado.
- Incapacidad de discernir entre lo auténtico y veraz, a diferencia de lo que nos quita tiempo de enfoque en nuestro crecimiento personal.
- Sobrecarga mental y tendencia tóxica a entrar en bucles emocionales y depresivos en los que nos sentimos vacíos.
- Desconexión de los valores humanos íntegros que ofrecen un sentido de vida pleno y con propósito.
- Vida de autómatas: cada día es una repetición constante, por lo que no vives un año nuevo, vives un mismo día los 365 días del año.

La gran pregunta que deberías hacerte ahora es:

¿Estás viviendo en un estado alterado que limita tu mejor versión o en uno que te impulsa a expandirla?

Conectando consciencias para el alto rendimiento

Los Navy SEAL (las fuerzas especiales de la Armada de Estados Unidos) y los atletas de élite han descubierto algo fascinante: superar los límites humanos no depende solo de la fuerza física, sino de la capacidad de entrar en un estado mental en el que todo fluye y lo imposible se vuelve alcanzable.

En el libro *Robar el fuego,* Steven Kotler y Jamie Wheal describen los entrenamientos secretos de los SEAL, en los que el equipo se sincroniza mentalmente hasta alcanzar el *group flow,* el flujo de equipo. Es un estado donde el ego se disuelve, los pensamientos individuales se diluyen y el equipo funciona como una sola mente, capaz de desarrollar capacidades sobrehumanas.

No hace falta estar en un campo de batalla para vivir algo así. Lo experimentan los músicos cuando tocan frente a miles de personas y el público se convierte en una ola de energía compartida. Lo sienten los surfistas que desafían olas gigantes y entran en un estado de absoluta presencia. Y lo viven los emprendedores cuando su creatividad se desborda como si estuvieran canalizando una fuente infinita de ideas.

Y lo más esperanzador: **no es cuestión de suerte, es ciencia.**

Cada uno de estos estados tiene fundamentos neuroquímicos y fisiológicos que cualquiera puede aprender a activar. Es como acceder a un interruptor interno que nos permite ir más allá de lo que pensábamos que era posible. Así que la pregunta no es *si* se puede lograr, sino *cómo* despertar ese potencial latente.

La neurociencia ha demostrado que cuando entramos en estos estados alterados es como si hubiéramos desbloqueado un nivel secreto de nuestro cerebro:

- El lóbulo frontal, esa voz crítica interna que nos llena de dudas, se silencia y dejamos de sentirnos paralizados y pasivos ante la vida.
- Se incrementa la liberación de dopamina, serotonina y endorfinas, generando una ola de creatividad, de euforia y de claridad mental: las ideas fluyen sin esfuerzo como pura inspiración en movimiento.
- La percepción del tiempo se altera: los minutos pueden sentirse como horas, y lo que normalmente tomaría toda una jornada lo resolvemos en un abrir y cerrar de ojos.

En otras palabras, cuando *hackeamos* la consciencia, accedemos a un nivel de existencia en el que las reglas de la lógica tradicional dejan de aplicarse, y eso nos abre un universo de posibilidades que antes ni siquiera imaginábamos.

El poder de rendirse y conectar con una consciencia superior

¿A dónde quiero llegar? A la RENDICIÓN. No a rendirse en el sentido de perder, sino en el de soltar las riendas y dejar que algo más grande nos guíe. No es solo cuestión de optimizar la mente o alterar el estado químico del cerebro; la verdadera liberación ocurre cuando dejamos de aferrarnos al control y nos entregamos al flujo de la vida. Fundirse con algo más grande, apagar el personaje que hemos creado de nosotros mismos y dejarnos guiar por una supraconsciencia que está llena de amor. Una energía inmensa, infinita, que atraviesa cada célula, como un río que se lleva todo lo que sobra y deja solo lo esencial. Cuando entro en este estado, ya no soy yo quien piensa, quien crea, quien decide. Es algo más.

Algo que no se puede contener, que simplemente fluye. Las ideas, los movimientos y las palabras llegan solas, como si me hubieran quitado el peso del control y, en su lugar, solo quedara la inspiración en estado puro. Un flujo de inteligencia, amor y creatividad que lo penetra todo. Ahí ocurre la auténtica magia. Es el momento en que pasas de ser el que ejecuta a convertirte en el canal. Entonces te das cuenta de que todo encaja sin esfuerzo, de que el miedo que sentías se ha disipado, que no hay normas impuestas ni obligaciones externas. **Tan solo estás tú, permitiendo que tu luz tome el mando, sin filtros, sin máscaras, sin frenos.** Nada del qué dirán allá o acá, fuera los tabúes y tapujos, simplemente dejas que la luz que eres en realidad tome el mando.

Y no, querido lector, créeme que esto no es una mera hipótesis filosófica o teórica. Es una experiencia real, tangible. Y cualquiera que aprenda a bajar el volumen del ruido mental, soltar el control y entregarse a su verdadera esencia, puede vivirlo. No hay viaje más apasionante y reconfortante que este.

Redefiniendo el yo

- ¿Cuáles son las actividades que te mantienen atrapado en un estado alterado de consciencia negativo?

- ¿Cuándo fue la última vez que sentiste que todo fluía sin esfuerzo?
- Si dejaras de ser tú por un momento, si soltaras el control, ¿qué versión de ti podría emerger?
- ¿Estás listo para romper tu propia programación y rendirte a algo más grande?

Desde tiempos ancestrales, los chamanes, los sabios, los científicos más brillantes e incluso los guerreros más letales han coincidido en una misma verdad universal: **la consciencia no es algo rígido, se puede moldear, expandir, transformar.** Pero atención, esto no va de cambiar la mente por puro capricho o por una moda, como quien se prueba ropa nueva. El verdadero cambio sucede cuando dejamos de pelear contra nuestra propia naturaleza y aprendemos a trascender el límite humano.

No se trata de librar una batalla contra el ego como si este fuera un villano. Al contrario, el ego no es el enemigo. Es más bien como una armadura: nos protegió, nos dio forma, nos ayudó a sobrevivir y a evolucionar como especie. El problema aparece cuando nos olvidamos de que solo era eso: una herramienta. La verdadera libertad llega al reconocerlo, darle las gracias y soltarlo. Cuando comprendemos su propósito y dejamos de verlo como un obstáculo, entonces podemos dar el siguiente paso. Podemos abrirnos a algo más grande, permitir que se exprese a través de nosotros y convertirnos en un canal de expansión.

Así que dime: ¿vas a seguir sentado en la butaca viendo cómo pasa tu vida como si fuera una película ajena, o vas a levantarte, tomar el bolígrafo y escribir algo distinto, algo tuyo, tu historia real?

Hábito n.º 4: desconecta para reconectar

Vamos a hacer juntos un *reset* de tu sistema: apaga el teléfono durante un día entero, aléjate del ruido, cambia de ambiente y respira hondo. Simplemente, para. Si no te ves capaz de primeras, apágalo medio día. Confía en que puedes hacerlo y, también, en los beneficios que va a traer consigo este ejercicio.

Vivimos tan conectados al mundo exterior que nos perdemos en el ruido y desconocemos las emociones y pensamientos que son realmente nuestros, y cuáles no. Por eso, cuando hay silencio y descanso, empiezas a reconectar contigo mismo, porque no hay factores externos que nos calan hasta la médula. Y sí, al principio es retador e incluso puede incomodar, pero date el permiso de expresar lo que este juego te provoque (sentir tristeza, miedo, resignación... lo que sea); deja que aflore todo aquello que no tiene espacio para expresarse en tu rutina diaria. No hay emociones negativas o positivas, todas son parte de ti y merecen ser sentidas.

Libérate de todas las cosas que te dispersan, y permite que el vacío abra el espacio para ser. Abraza cada emoción que aparezca como parte del proceso de desapegarse, no te juzgues, sé compasivo contigo y benevolente con el contexto. Confía en el proceso y abre paso a la inteligencia universal, su sabiduría siempre encuentra el camino. ¿El resultado? Un fuego interno que despierta algo que siempre ha estado dentro de ti: paz, claridad y conexión.

5

Somos energía vibrando

¿Somos energía?

La respuesta es clara: sí, somos pura energía en movimiento y vibración constante. Sin embargo, la verdadera reflexión surge al plantearnos otra cuestión adicional: ¿qué frecuencia estamos emitiendo al mundo?

Dentro de cada ser humano habita una chispa luminosa. No se trata solo de una linda metáfora, es una frecuencia viva, una vibración real que conversa silenciosamente con todo lo que nos rodea. Nacemos con esa luz intacta, radiante como el sol de la mañana, sin máscaras. En la infancia, cada latido vibra al ritmo de nuestros sueños, de la curiosidad, del asombro. Todo lo vemos posible y todo nos llena de ilusión, apenas hay juicios hacia nosotros ni hacia la vida. Nos movemos desde el corazón, como si la realidad fuera plastilina en nuestras manos, moldeable, con la que podemos jugar. Pero a medida que crecemos, vamos cubriendo esa luz con capas de miedo, creencias heredadas y heridas que no han sanado. Absorbemos lo que vemos, lo que nos dicen, lo que creemos que debemos ser... Así, poco a poco, la propia inercia hace que nos desconectemos de nuestra esencia.

No venimos a este mundo a convertirnos en algo nuevo. Venimos a recordar lo que ya somos. Nuestro viaje es hacia dentro, hacia un reencuentro con esa energía única que habita en cada uno de nosotros. En una ocasión escuché a Sergi Torres decir que «el ser humano no evoluciona, sino que regresa». Me sentí tan identificado con todo lo que yo pensaba, con lo que había vivido y deducido previamente, que esas palabras se me grabaron. Somos campos energéticos en perpetua danza, vibraciones que buscan resonancia en el gran tejido del universo. Cada pensamiento que tenemos y cada emoción que sentimos lanzan ondas invisibles al entorno, expandiéndose más allá de lo que podemos ver, co-creando nuestra experiencia con la vida; atraen personas, situaciones y experiencias que vibran en la misma sintonía que llevamos dentro. En pocas palabras: **no atraemos lo que queremos, sino lo que somos en vibración.** Por eso, el verdadero trabajo no está en cambiar lo de fuera, sino en armonizar lo de dentro.

La ciencia detrás de la energía: el vacío como fuente de infinitas posibilidades

Cuando miramos la materia a través del microscopio de la física más profunda, descubrimos algo asombroso: nada es realmente sólido. Cada átomo de nuestro cuerpo, cada partícula que forma lo que llamamos «realidad», está compuesto en un 99,99999 por ciento de vacío. Pero aquí viene la paradoja: ese vacío no está vacío. Es un silencio cargado de energía, una aparente nada que lo contiene todo. En ese espacio invisible bailan fotones, campos electromagnéticos y partículas subatómicas que nunca están quietas. Todo vibra, todo interactúa, todo está conectado en una coreografía invisible que sostiene el universo. En el lenguaje de la física cuántica, ese vacío no es ausencia: es la fuente de todas las posibilidades.

A lo largo del tiempo, diferentes culturas y disciplinas le han dado muchos nombres: matriz divina, campo cuántico, Dios, consciencia suprema, la *lattice*... Pero más allá del nombre con el que lo denominemos, lo esencial es comprender que hay una inteligencia viva y superior detrás de todo lo que existe, que sostiene, crea y transforma.

Uno de los descubrimientos científicos más asombrosos es el entrelazamiento cuántico. Te lo voy a resumir muy brevemente y de la manera más sencilla posible.

Dos partículas, aunque estén a años luz de distancia, pueden estar tan profundamente conectadas que un cambio producido en una se refleja al instante en la otra. Albert Einstein lo llamó «acción fantasmagórica a distancia», y aunque lo desconcertaba, la evidencia hoy es irrefutable. En 2022, los físicos Alain Aspect, John Clauser y Anton Zeilinger demostraron este fenómeno de forma concluyente, y por ello recibieron el Premio Nobel. Puedes imaginar lo que esto supone para la física, para la ciencia en general y para nosotros mismos respecto a la concepción del mundo. Este descubrimiento no solo desafía nuestra lógica, también **nos invita a replantear todo lo que creemos sobre la separación, el tiempo y la conexión.**

Si el universo está hecho de energía, y esa energía vibra y se comunica constantemente, entonces la gran pregunta no radica en cómo funciona, sino en qué ocurre cuando nosotros —seres humanos conscientes y vibrantes— nos sintonizamos con esa frecuencia. Cuáles son los caminos que podemos explorar para vibrar al ritmo de esa inteligencia infinita. Puede que lo más inteligente sea no limitarse a creer este hecho científico, sino integrarlo en nuestra vida, asumiendo y teniendo en cuenta que cada cosa que hacemos, cada gesto, deja un poso energético que conecta con algo que, muchas veces, desconocemos.

La consciencia superior: desprogramando el sistema

Cuando nos desconectamos de nuestra luz, nuestra energía se enturbia como agua estancada. Yo lo viví en carne propia. En mi peor momento, lo vi con absoluta claridad: me había convertido en un imán de mierda. Todo lo que llegaba a mi vida era un eco de mi caos interno. Personas tóxicas, escasez, conflictos... como si hubiera construido un basurero emocional y energético, un lugar perfecto para atraer moscas. Pero cuando comencé a cultivar mi interior, cuando me atreví a soltar lo que ya no me servía, a limpiar mi vibración y a sembrar mi propio jardín, el paisaje de mi vida empezó a florecer. Dejé de atraer moscas, y comenzaron a llegar mariposas: personas luminosas, experiencias expansivas, momentos que parecían guiados por algo más grande que yo.

«Las cosas de las que huyes están dentro de ti», como dijo Séneca. Y es ahí donde se esconde uno de los mayores secretos al alcance de cualquier ser humano: **ya naciste completo, lleno de amor y de abundancia. Solo necesitas recordarlo.**

Si vives con miedo, el miedo vendrá a sentarse contigo.
Si cultivas gratitud, la vida te llenará la mesa con razones para agradecer.
Si vibras en amor, el amor encontrará el camino de regreso a ti.
Todo lo que emanas regresa amplificado.
Como un boomerang invisible que lanza tu energía al universo
y vuelve cargado de tu propia frecuencia.
Cada suspiro que se rinde a la abundancia del mundo
sabe escuchar los susurros de una naturaleza que muestra el camino.
Respira con propósito.
Siente con gratitud.

Vibra con amor.

Dar por amor es recibir en el mismo acto.

Y, por simple ley de afinidad vibratoria, atraerás el reflejo más puro de tu intención.

¿Cómo elevar tu frecuencia?

No se trata de esfuerzo forzado ni de luchar contra ti mismo. Se trata de transformar desde dentro. Y todo empieza con una limpieza profunda de tu campo energético, para despejar el ruido y abrir espacio hacia un estado de mayor equilibrio y conexión contigo mismo.

- **Observa qué consumes:** no solo lo que comes, sino lo que crees, lo que piensas, lo que miras, lo que lees, lo que permites que entre en tu mundo.
- **Escucha a tu cuerpo** y selecciona con consciencia aquello que nutre tu organismo, tu mente y tu alma. Presta atención a cómo tu cuerpo reacciona en según qué contextos o con según qué pensamientos. Suele decirse que en ocasiones la mente nos puede jugar una mala pasada (puesto que tiene sus propios mecanismos de defensa u optimización), pero el cuerpo nunca miente.

- **Elige pensamientos que expandan tu energía.** Aunque todos tenemos unas tendencias y un bagaje mental que pesa, reflexionar acerca de cómo pensamos, e incluso poner en tela de juicio nuestros propios pareceres de vez en cuando, es algo retador y enriquecedor. Y si además te rodeas de personas que te eleven, sintonizarás con frecuencias elevadas.
- **Conéctate con la naturaleza, el silencio y todo aquello que te reconecta contigo mismo.** Permítete fundirte con el TODO.

Hay un estudio fascinante que confirma algo que muchos ya intuimos y que, en parte, está relacionado con lo que he expuesto unas líneas más arriba: el cuerpo sabe antes que la mente. Este hallazgo proviene de un experimento realizado por el investigador Dean Radin, del Institute of Noetic Sciences. En él, se conectó a los participantes a sensores que medían sus reacciones físicas —como la conductancia de la piel, el ritmo cardiaco y la respiración— mientras se les mostraban imágenes al azar: algunas neutras, otras intensas o emocionalmente cargadas. Lo impactante fue que el cuerpo comenzaba a reaccionar varios segundos antes de que apareciera la imagen emocional en la pantalla.

Como si, en algún nivel profundo, supiera lo que venía, aunque la mente aún no tuviera ni idea. Una especie de precognición se activaba en esos instantes decisivos.

Como conclusión a este estudio (y a otros similares) podemos decir que el cuerpo presiente lo que la razón todavía no comprende. Como si estuviéramos equipados con un radar sutil, una antena energética afinada al campo invisible de la vida. Nuestro cuerpo escucha lo que el mundo susurra, aunque el ruido de la mente a veces lo ahogue. Y cuando empezamos a prestarle atención, todo cambia. Ya no necesitamos que la vida nos grite a través del caos o las crisis, porque podemos atender y entender sus susurros.

Así que, querido lector, deja de forzar. Deja de apretar los hilos del destino con la ilusión de tener el control. Entrégate al proceso y a tu momento presente como quien se rinde al ritmo del río. Permite que esa consciencia mayor —llámala energía, universo, Dios o vida— sea quien te guíe desde dentro. Cuando lo haces, las oportunidades comienzan a emerger sin que las busques, las puertas se abren sin que las golpees y la vida, casi como por arte de magia, comienza a hablarte en tu mismo lenguaje.

El juego de la dualidad: más allá de la tercera dimensión

A veces cuesta entender por qué la vida se mueve entre extremos. Hay días de luz y otros de sombra, momentos en los que todo se expande como unas alas abiertas, y otros en los que nos sentimos encerrados dentro de nosotros mismos. Vivimos en un mundo tejido por opuestos: día y noche, alegría y tristeza, certeza y duda. Y aunque pueda parecer caótico, nada de eso sucede por casualidad. En esta realidad tridimensional, experimentar la dualidad es parte del viaje. Venimos aquí a sentir, a aprender, a reconocernos a través de la ilusión de la separación.

Reflexionemos por un instante: ¿qué es aquello que realmente nos distingue, que nos separa de una máquina, de una inteligencia artificial, de cualquier creación sin alma? Lo que nos hace verdaderamente humanos es la capacidad de sentir emociones; emociones profundas, complejas, a veces contradictorias. Eso que tantas veces nos incomoda —las emociones que llegan como un oleaje salvaje, que nos arrastran, nos sacuden y nos transforman— es precisamente lo que da color y profundidad a nuestra existencia. Esa sensibilidad nos permite amar, soñar, emocionarnos, crear y también caer para volver a levantarnos. ¿Prescindirías de ello? ¿Renunciarías al amor solo por evitar la herida? Probablemente no. Porque en el fondo sabemos que, sin emociones, la vida perdería su magia, su sabor, su belleza impredecible. Son esas olas (a veces suaves, a veces furiosas) las que nos recuerdan que estamos vivos. Y vivir, en toda su intensidad, es el mayor privilegio del alma humana.

Más allá de esta dimensión física existen otras dimensiones de consciencia, donde el tiempo y el espacio no operan bajo las leyes que conocemos aquí. Cuando accedemos a estados elevados —a través de la meditación profunda, la respiración consciente o la rendición absoluta del ego— comenzamos a vislumbrar esas otras realidades. Lejos de ser una especie de huida, se trata de una verdad tangible y palpable, tan real como el aire que respiramos. La materia no es más que una versión densificada de la energía, y cuando elevamos nuestra frecuencia, nos alineamos con una inteligencia mucho más vasta de la que nuestra percepción limitada puede imaginar.

A pesar de que la dualidad nos provoque conflicto, recelo o incluso rechazo, no constituye ningún castigo. Es un espejo, un reflejo perfecto que nos permite conocernos a través de los opuestos. A través de la interacción entre luz y oscuridad, expansión y contracción, la vida nos guía hacia ese equilibrio, para invitarnos a trascender las apariencias y recordar que todo —absolutamente todo— nace desde una misma fuente. Es más, cuando abrazamos la dualidad como parte inherente de la experiencia terrenal, algo profundo se integra en nosotros: dejamos de rechazar las sombras y empezamos a verlas como aliadas, como parte de la misma luz que habita en nuestro interior. Al expandir nuestra consciencia y cambiar las lentes con las que interpretamos lo que nos sucede, nuestra vibración se eleva. Y es entonces cuando comprendemos —no con la mente, sino con el alma— que nuestra existencia trasciende este plano material. Estamos llamados a explorar no solo dimensiones más elevadas, sino también el vasto universo que reside dentro de nosotros. Porque ahí, en ese espacio sagrado e infinito, se encuentra la verdadera unión con el TODO... y con todos.

Cómo expandir tu energía

- ¿Qué tipo de vibración estás emanando hoy?
- ¿Qué patrones o creencias están bloqueando tu conexión con la consciencia superior?

- ¿Cómo puedes convertirte en el jardín que atrae mariposas en lugar de un basurero que atrae moscas?
- Si realmente supieras —no solo como teoría, sino como certeza viva— que eres pura energía, pura luz, ¿cómo vivirías tu vida?

Hábito n.º 5: haz tu propio inventario de energía

Tu vibración es el imán que atrae tu realidad y que, en función de ella, la expande o la contrae. Lo que emites, consciente o inconscientemente, crea el campo donde se manifiesta tu vida. Quiero invitarte a un pequeño experimento interior que estoy casi seguro de que nunca te habías planteado: haz un inventario de tu energía.

Pregúntate con honestidad: ¿cómo me siento la mayor parte del tiempo? ¿Qué tipo de personas, situaciones o emociones estoy atrayendo últimamente? Llénate de autocompasión para responder sin juicio; como quien mira su jardín y se da cuenta de qué flores florecen y qué malas hierbas han crecido sin apenas percibirlo.

Ahora, haz un cambio consciente:

- **Suelta lo que ensucia tu vibración:** despréndete de pensamientos repetitivos, hábitos drenantes, emociones que ya no resuenan con tu verdad.
- **Introduce algo que la eleve:** gratitud sincera, movimiento consciente, arte que despierte tu alma, momentos de conexión profunda.
- **Ríndete al vacío lleno de todo:** que no te dé vértigo, el vacío lo incluye y colma todo.

No intentes forzar la vida. La energía no responde a la presión, sino a la sintonía. Confía en el ritmo natural de tu evolución. Cuando elevas tu frecuencia, todo a tu alrededor comienza a transformarse. Lo que está alineado con tu nueva vibración se disuelve suavemente o se aleja. Lo que sí está en resonancia llega como por arte de magia... aunque no sea magia, sino coherencia energética. Del mismo modo que llega, seas tú consciente o no, creas o no en ello.

Para concluir, no nos reducimos a carne y hueso. Somos campos de energía en constante movimiento, profundamente conectados con el TODO. Cuando recordamos esta verdad (o, en otras palabras, cuando dejamos de vivir desde el miedo y comenzamos a vibrar con el alma) nos convertimos en faros. No por esfuerzo, sino por presencia, y la consecuencia es que iluminamos sin quererlo, simplemente siendo. Y ahora, dime:

¿Estás preparado para elevar tu vibración y convertirte en la luz que ya habita en ti?

MEDITACIÓN 3

Creencias y energía

6

There is always another way

Nunca hay un solo camino

Grábate esta frase a fuego: siempre hay otro camino. Otra forma, otra vía, otro acceso. Pero, a veces, la mente no lo ve. Se encierra en sí misma y hace todo lo posible para utilizar los menos recursos posibles y ponérselo más fácil. Actúa como si solo existiera una opción, como si la vida fuese un laberinto con un solo pasillo o con una única salida. Pero en absoluto es así. Nuestro cerebro, condicionado por la repetición y por las redes neuronales que hemos fortalecido con los años, tiende a buscar lo conocido, lo familiar o lo que ya funcionó; e, incluso, lo que ya dolió. Y ahí se queda, limitado. Porque la mente racional percibe la realidad como una línea recta entre dos puntos. Pero el alma no se mueve en líneas rectas. El alma danza en espirales.

Seguramente te ha pasado que hay momentos en los que te da la impresión de que todo parece cerrarse, como si las paredes se estrecharan a nuestro alrededor y formasen un embudo asfixiante. Y desde dentro de la caja mental no siempre percibimos lo obvio: la vida está llena de puertas invisibles que solo se abren cuando dejamos de empujar aquella que no cede. Para encontrarlas, hace falta un cambio de perspectiva, mirar desde otro ángulo, salir de la lógica del miedo, del control, del «tiene que ser así». Necesitamos rendirnos, soltar y respirar. Porque **cuando soltamos se abre una grieta, y es a través de ella por donde entra la luz que va a iluminar la oscuridad que nos impide ver un poquito más allá.** Y con la luz aparece una nueva visión. Bien lo sabe Platón y su mítica metáfora de la caverna.

Quiero invitarte a que valores la posibilidad de que tal vez lo que ahora atraviesas —esa pérdida, ese conflicto, esa sensación de estar al límite— no sea el final, sino un desvío sagrado. Un alto en el camino que no castiga, sino que enriquece y protege. Una bifurcación que te aleja de lo que creías querer y te acerca, poco a poco, a lo que tu alma verdaderamente necesita. Cuando la mente grita «No hay salida», el corazón susurra

«Sí la hay, pero no desde ahí. Mira distinto, siente distinto, abandona el control». Entonces ocurre. Si prestamos un mínimo de atención, vislumbraremos que un camino invisible se revela, o se da una conversación inesperada, una intuición, una idea mientras te duchas, una meditación profunda transformadora... un nuevo «sí».

Ahora bien, el milagro no siempre es que las cosas cambien. A veces, el milagro radica en que tú cambias la forma de mirarlas. De hecho, el orden de la secuencia suele ser precisamente ese: cuando hacemos pequeños cambios en la forma de ver y de pensar, lo hacen también las cosas. Y desde esa nueva mirada, todo —absolutamente todo— se transforma. Así que recuérdalo:

There is always another way.
Aunque no lo veas aún. Aunque no sea como imaginabas.
Aunque duela soltar la idea de cómo debería ser.
Siempre hay otra forma de cruzar el río.
Siempre hay otro puente.
O, quién sabe...
quizá aprendas a volar.

La presencia abre caminos

11 de abril de 2025. Regreso de un retiro de cinco días en Lanzarote. Todavía siento en mi pecho la vibración de los corazones latiendo al unísono. La sensación de entrega profunda, de unidad, de consciencia elevada, sigue resonando en mí. Cada retiro que realizo me recuerda que no se trata de técnicas ni de palabras bonitas. Se trata de personas, de almas, de historias que se cruzan y, en el cruce, se reconocen. Y no voy a engañarte, vuelvo agotado. Empezamos cada día a las siete de la mañana y terminamos pasadas las once de la noche. Obviamente, día tras día, suceden multitud de cosas, y entre esas cosas, hay historias que te atraviesan, que te transforman, que hacen que cada hora de cansancio valga la pena.

Quiero contarte una de esas historias. No importa su nombre, porque su nombre no define su luz. Él llegó con una parálisis en la mitad de su cuerpo. Su cuerpo, fuerte alguna vez, se había paralizado en un grito silencioso. Una mitad inmóvil. Y sus ojos... sus ojos eran como ventanas cerradas, sin horizonte, sin paisaje. Tenía unos cuarenta y tantos años y carecía de experiencia con la meditación, pero supo escuchar esos susurros de la vida de los que hemos hablado, y algo —una chispa, un susurro del alma en forma de intuición— lo llevó a inscribirse en uno de mis retiros de meditación de cinco días. Tal vez fue ese tipo de impulso que uno no es capaz de argumentar, pero siente; como si su alma le dijera: «Salta, ahora». Y saltó.

Cuando llegó, apenas podía moverse. Pero lo que más pesaba no era su cuerpo, era su silencio, su mirada apagada y su desconexión. Lo acogimos como hacemos siempre: sin juicios, con amor. Le ofrecimos lo que tenemos: presencia, espacio, respiración, mirada. Poco a poco, algo se fue abriendo. Primero cambió su energía. Caminó más de cuatro kilómetros en una excursión al volcán, donde fuimos a meditar al borde del cráter. Después, cambió su expresión y su rictus. Luego llegaron las lágrimas. Hasta que, en la última meditación, lo vi sonreír. Pero no era una sonrisa cualquiera, era una de esas sonrisas que no solo levantan las comisuras de los labios, sino que encienden el alma desde dentro. Sus ojos brillaban como si algo —algo sagrado— hubiese despertado.

¿Sanó su cuerpo? Aún no del todo. ¿Sanó su espíritu? Sin duda. En una de las dinámicas, le hablé desde el corazón. Le dije: «Lo que te ha pasado no es un castigo, es una llamada. Tu parálisis no es el final, sino el umbral de un nuevo camino. Uno con más sentido, más luz y más amor».

Siempre, siempre, siempre hay otro camino. Incluso cuando parece que todo se cierra, cuando el dolor pesa más que la esperanza, cuando sientes que ya no puedes más... hay una puerta. Una que aún no habías visto. Y esa puerta, muchas veces, no está fuera, sino dentro. Basta con cambiar el enfoque, es así como todo cambia. Tienes que tener claro que la vida no se equivoca, en ella no hay error que valga. Solo nos invita una y otra vez a recordar quiénes somos, y a recordar nuestra grandeza, nuestra verdad. También nos invita a caminar, aunque sea con pasos pequeños y sin prisa, hacia ella.

Mis cuatro personajes

Esto que voy a compartir contigo es algo personal, pero ya te dije al comienzo que en este libro iba a abrirme sin reservas. Hace ya un tiempo decidí poner nombre a cuatro personajes que me acompañan en este viaje de vida. Son partes, facetas internas, que durante mucho tiempo estuvieron dormidas, bloqueadas o simplemente ignoradas. Estoy convencido de que bautizarlos y dotarlos de nombre fue como abrirles la puerta y decirles: «Apenas nos conocemos, pero, de ahora en adelante, cuento con vosotros, os veo, os reconozco».

Son como aliados invisibles que me conectan con partes profundas de mi ser, esas que a veces cuesta mirar de frente. Curiosamente, son justo esas partes las que están más en sintonía con la capacidad de abrirme, de soltar el control y recibir lo que la vida tiene para darme. Ellos son: Andi (el dinero), Brito (mi mente), Don (mi muerte) y Supra (un duende que hace que la vida sea mágica).

Andi: el dinero

Mi compañero por excelencia es Andi, la representación de mi relación con el dinero. Lo imagino rubio, alto, fibroso, con ese aire de chuleta simpático; un poco arrogante, sí, pero educado, correcto, y con un punto irónico y pizpireto.

Durante mucho tiempo, mi relación con el dinero fue tensa. Sentía escasez, me enfadaba al pagar, como si me estuvieran quitando algo. Cuanto más me esforzaba en atraerlo, más parecía que se escurría entre mis dedos como arena fina. Hasta que apareció Andi. Crear un vínculo con él cambió todo. Hicimos un trato: yo hablaría bien de él, como una herramienta poderosa que expande las consciencias; porque a día de hoy realmente creo que el dinero potencia lo que tú ya eres, seas un ser maravilloso o un mezquino. A cambio, él tenía que llegar a mí por caminos inesperados, incluso mientras duermo, enseñándome oportunidades que no vería de otra forma, Andi me llenaría de confianza y me recordaría que hay abundancia disponible para mí sin tener que partirme el alma con sacrificio y lucha. Simplemente permite que esa energía que busco llegue sin necesidad de sobreesfuerzos titánicos, sino estando alineado y activo. Y está funcionando. En los últimos meses, junto a mi equipo, hemos generado cifras que a veces dan vértigo. Cada día entra el dinero en las cuentas, y más allá de la cantidad, lo que me fascina es la facilidad con la que fluye.

Andi ya no es únicamente números y transacciones, ahora me acompaña en momentos especiales. Cuando llevo a mi hijo a la cama, le doy un beso y le susurro una canción, Andi está allí, presente. O cuando paseo de la mano de mi mujer al atardecer, con un cielo de color naranja difícil de describir. Le digo: «Mira, Andi, disfruta esto también».

A veces me lo llevo de cañas con los amigos, a reírnos como críos viendo un partido, a bromear sin tomarnos nada en serio. Porque sí, aunque puedan chocarte estos símiles, él ahora forma parte de todo sin exclusión de ninguna parcela vital. Recuerdo cuando me despidieron del trabajo y no tenía certeza de si todo esto que estaba construyendo funcionaría.

Andi me dijo con claridad: «Soy tuyo. Tony, deja de buscar y empieza a creer que ya soy tuyo». Y desde entonces, la energía del dinero me busca de forma mágica.

Brito: la mente

Brito, mi «Cere-Brito», es mi mente más analítica. Esa mosca cojonera que no se calla nunca. Es el que quiere tener siempre razón, el que se disfraza con mil máscaras y roles. Mi ego, en definitiva. Y aunque muchas veces me saca de quicio, sé que lo necesito. Lo aprecio, porque sin él no podría hacer muchas cosas. Pero también sé que, si le doy el control, se vuelve controlador, e intenta mantenerme atado a lo conocido, a lo cómodo, a lo automático, y me bloquea la imaginación, la ilusión y las emociones. En ocasiones me lanza pensamientos hirientes, como por ejemplo: «Tu hija no te quiere». Entonces me siento con él, como si lo tuviese delante, le pido explicaciones y le rebato con hechos, con razones: «Sí me quiere. Y te lo voy a demostrar».

Brito me recuerda que no soy mis pensamientos. O, mejor dicho, que en parte sí lo soy, pero que no soy solo mi mente, ni muchísimo menos. Tener a este personaje presente me ayuda a practicar la observación. Ese es Brito, y, aunque a veces resulte terco y desafiante, forma parte de mí. Y como tal, lo honro.

Supra: mi yo superior

Supra es esa chispa silenciosa, un ángel bello que me conecta con lo sutil, con lo divino, con lo que no se ve... pero se siente. Vive en mi pecho y me guía por caminos que muchas veces no comprendo y que incluso me dan miedo. Pero siempre está ahí, sin alzar la voz, recordándome algo esencial: «Certeza, autenticidad, confianza». Desde que Supra llegó, ya no camino por la vida esperando señales externas para avanzar. Me anclo dentro. Me alineo. Gracias a Supra, ya no reacciono desde el miedo, sino desde la certeza profunda de que hay algo mayor sosteniéndolo todo. Por eso lanzamos nuevas aventuras. Viajamos a Colombia, rumbo a México, a retiros donde el alma respira. Cerramos el año caminando cien kilómetros hacia Santiago. Y en cada paso, sin falta, él vuelve a recordarme: «Sé fiel a tu autenticidad. Y camina con confianza. La certeza está en ti». Cuando vives desde la certeza, el mundo deja de ser un lugar caótico. Tu mirada cambia. Ya no buscas pertenecer, sino habitar tu verdad. Y entonces confías, no porque todo esté resuelto, sino porque te sabes guiado, aunque no veas el mapa. Supra es esa voz. Mi consciencia superior. Es quien me dice que no necesito fingir fuerza, porque mi autenticidad es suficiente. Es quien me recuerda cada mañana por qué vale la pena levantarme, con el alma en alto y el corazón dispuesto.

Don: morir en vida

Este es mi personaje favorito, porque está cargado de matices y de metáforas, así que le voy a dedicar el próximo capítulo. Es un viejito sabio que me observa con ternura, con una mezcla entre paciencia y urgencia. Él me ayuda a volver al presente, a disfrutarlo como lo único real —porque, en el fondo, lo es—. Pero antes... cerremos este capítulo.

Preguntas para abrir nuevas puertas

- ¿Qué situación de tu vida parece un callejón sin salida, y, si cambiaras la forma de mirarla, podría verse otra bifurcación que no habías visto?
- ¿Qué puerta sigues golpeando, aunque hace tiempo que dejó de abrirse para ti?
- ¿Cuándo fue la última vez que soltaste el control y confiaste en lo desconocido?
- ¿Qué parte de ti sigue resistiéndose en lugar de abrirse a recibir?
- ¿Y si lo que hoy ves como un error o bloqueo fuera en realidad una desviación sagrada hacia algo más alineado contigo? ¿Cómo vives esta idea?

Hábito n.º 6: busca el otro camino

Cada vez que sientas que te enfrentas a una situación difícil, a un conflicto, a un «no puedo más», **haz una pausa de consciencia.**

Respira, cierra los ojos y repite en voz baja o internamente: **¿cuál es la otra forma de mirar esto?**

No busques la respuesta con la mente; siéntela. Deja que emerja desde el cuerpo, desde el corazón, desde esa parte de ti que ya sabe. Tal vez aparezca como una imagen, una emoción, una palabra… confía en lo que llegue. Haz este pequeño ritual cada vez que te sientas bloqueado, atrapado o rígido en tu perspectiva. Puede que seas tú mismo quien perciba ese bloqueo, y será un fabuloso indicio, pero también has de contar con la posibilidad de que sea alguien cercano a ti quien te dé a entender que estás siendo demasiado rígido con alguna cosa o situación. Practícalo durante siete días seguidos. Y al final de cada día, escribe en tu cuaderno: «Hoy encontré otro camino en…».

Aunque sea pequeño, celébralo. Porque **cada vez que eliges mirar de manera diferente, una nueva puerta se entreabre en tu consciencia.** Y cuando la consciencia se expande, la vida también florece.

7

Don, el arte de morir en vida

Hay muertes que no llegan con un ataúd ni con flores. Que no se anuncian con llanto ni entierro. Son silenciosas, internas... pero profundamente transformadoras. En este capítulo quiero hablarte de una de esas muertes. Una que viví con los ojos abiertos y los pulmones llenos de aire, pero que me partió por dentro y me cambió para siempre. Durante muchos años caminé por el mundo disfrazado con una armadura de invulnerabilidad. Me identifiqué con una versión de mí mismo que parecía tenerlo todo: logros, máscaras, expectativas cumplidas, una fachada que brillaba ante los demás. Pero detrás de ese personaje ¿sabes qué había? Un vacío que crecía en la oscuridad. Y entonces llegó Don.

Don no es una figura imaginaria, es la metáfora viva de ese crujido interno en que el alma te susurra que ya es hora de dejar de sostener lo que no te pertenece, para empezar a ser quien realmente eres. Don fue el símbolo, el espejo, el nombre que le puse a ese instante brutalmente honesto en el que entendí que debía rendirme y soltar las capas que me protegían pero que también me aprisionaban. Es decir, morir simbólicamente para poder nacer de nuevo.

Quiero invitarte a mirar la muerte con otros ojos. No como un final, sino como un portal. No como pérdida, sino como liberación. Porque quien tiene el coraje de morir en vida —de soltar, de caer, de vaciarse, de confiar en que lo que tenga que pasar es lo correcto— también tiene el privilegio de renacer más ligero, más libre, más auténtico.

La muerte de mi antiguo yo

Ya no veo la muerte como algo lejano o ajeno. La percibo como una presencia silenciosa que, de vez en cuando, se sienta a mi lado. A veces aparece como un susurro suave en medio del caos; otras, simplemente se queda ahí, observando, con esa paciencia que solo dan los años. Con el tiempo he aprendido a verla de modo diferente, sin temor. Es como una vieja amiga, de esas que no necesitan decir mucho para que entiendas lo esencial. Su mirada es un recordatorio de que morir no siempre significa perder. En ocasiones simplemente se trata de dejar espacio para algo nuevo. Morir también supone dejar de ser quienes ya no somos.

A lo largo de mi viaje interior he ido descubriendo partes de mí que estaban escondidas, dormidas, esperando a ser escuchadas. Como te he contado en el capítulo anterior, para poder relacionarme con ellas les di forma, les puse nombre y rostro. Así nacieron estos personajes que me acompañan desde dentro y que he decidido compartir contigo.

Como ya sabes, está Andi, que me ayudó a reconciliarme con el dinero. Luego está Brito, mi mente inquieta, esa parte de mí que siempre quiere llevar el control. También está Supra, mi conexión con la consciencia superior, con lo que va más allá de lo racional. Ahora quiero presentarte a Don. Él representa algo muy especial: la muerte de mi antiguo yo. No hablo de la muerte física, la que nos priva del cuerpo y nos despide del mundo físico. Me refiero a otra clase de muerte, más íntima y espiritual. Es esa sensación de darte cuenta de que algo dentro de ti ya no vibra como antes. Ya no te representa, ya no encaja, ya no decide por ti de forma honesta. Don es un anciano sabio, con muchos años de experiencia. Me imagino su mirada llena de calma, de ternura, y de un amor sereno. Me observa sin juicio, con una mezcla de respeto y alegría. Sabe que morir por dentro no es el fin. Al contrario, es el comienzo de algo mucho más verdadero. Don me recuerda que cada día es un regalo, que no hay necesidad de apresurarse, luchar o aferrarse a lo que ya no resuena conmigo. Él me muestra que la muerte es una puerta abierta a nuevas posibilidades. Una liberación, una invitación a soltar, a permitir que la vida fluya en vez de forzar con alguna acción los acontecimientos según lo que egocéntricamente creo que deseo y necesito. A lo largo de estos años Don me ha enseñado a vivir con la profundidad de quien comprende que **el tiempo no se pierde; se vive, se celebra y se honra.**

Experiencias cercanas a la muerte

Estoy seguro de que has oído hablar de este fenómeno (experiencias cercanas a la muerte), también conocido por sus siglas ECM. Muchas veces me pregunto por qué hay tanto rechazo a todo lo que esté relacionado con la muerte. Supongo que por miedo o por tabú; pero, sin duda, por desconocimiento de lo que en verdad hay detrás de esa palabra.

La muerte nos aterra. No tanto por el dolor, sino porque creemos que es el final del viaje y se apaga la luz para siempre. Pero ¿y si en verdad fuera un portal?

Durante años me he dedicado a explorar experiencias cercanas a la muerte. Historias reales de personas que cruzaron ese umbral y regresaron transformadas, con una mirada nueva, con vivencias que parecen venir de otro lugar. Relatos que, más que respuestas, traen expansión: una forma completamente distinta de comprender la vida, la consciencia, y eso que llamamos alma. Uno de los testimonios más fascinantes es el del neurocirujano Eben Alexander, quien vivió su propia travesía al otro lado y la narró en su libro *La prueba del cielo*. En 2008, contrajo una meningitis bacteriana fulminante que lo llevó a un coma profundo. Pasó siete días suspendido entre este mundo y otro lugar que ahora mismo desconocemos. No quedaban esperanzas médicas y su familia, con el corazón en vilo, se preparaba para decir adiós. Pero mientras su cuerpo yacía inerte, su consciencia —según cuenta— estaba muy despierta. Durante este estado crítico, viajó a lo que llamó «el regreso al Núcleo», un espacio fuera del tiempo y del lenguaje, donde sintió la presencia de una inteligencia inmensa, y un amor tan grande que lo envolvía todo. No un amor emocional, sino uno que lo atravesaba y lo sostenía. Allí, el conocimiento no se aprendía: se absorbía, como si lo recordara de siempre. Así lo describió el doctor Alexander:

> Este conocimiento no se me «enseñó», como se enseñan una lección de historia o un teorema de matemáticas. Las relaciones entre las ideas surgían directamente, sin tener que desvelarlas ni absorberlas. El conocimiento se almacenaba sin necesidad de memorizarlo, de una vez y para siempre. Y no se iba desvaneciendo, como sucede con la información normal. Hasta hoy sigue estando dentro de mí, mucho más claro que todo lo que aprendí durante mis largos años de estudio.

Y cuando los médicos estaban considerando la posibilidad de desconectarlo, ocurrió lo inesperado: despertó. Contra todo pronóstico, desafiando todo manual médico. Desde entonces, ha dedicado su vida a compartir ese viaje para crear un puente entre la ciencia, la espiritualidad y la consciencia.

Su experiencia suscita una reflexión mística: **si su cerebro estaba desconectado, ¿quién estaba viviendo esa otra realidad?**

Las experiencias cercanas a la muerte nos recuerdan que no somos este cuerpo que envejece, ni este nombre que nos pusieron, ni esa historia que repetimos. Somos algo mucho más grande, algo que no nace ni muere, algo que, simplemente, es. Que sigue ahí, incluso cuando el mundo calla.

El doctor Alexander trajo un mensaje a su vuelta:

> Os aman y aprecian, profunda y eternamente. No tenéis nada que temer. Nada de lo que hagáis puede ser malo. Y si tuviese que resumirlo en una sola frase, sería esta: Os aman. Y si quisiera destilarlo todavía más, transmitirlo por medio de una sola palabra, esta sería (por supuesto): Amor.

El mayor temor humano es soltar el control

Don me ha enseñado que la verdadera muerte no es la biológica, sino la del personaje que inventamos y al que, erróneamente, llamamos «yo».

Morimos cada vez que soltamos etiquetas que llevábamos
pegadas como una segunda piel, cada vez que

dejamos atrás los roles que nos mantenían lejos de nuestra verdad.

Morimos cuando abandonamos esa versión que solo vivía para encajar, para cumplir expectativas, para llenar vacíos con validación ajena.

Morimos —y renacemos— cuando soltamos el control y nos entregamos, sin manual ni garantías, a la incertidumbre de lo infinito.

El miedo a la muerte, en el fondo, no es más que el miedo a soltar, a cambiar, a recordar lo que somos y dejar de ser lo que creemos que somos para recordar lo que siempre hemos sido en ESENCIA... tu ser eterno. Nos aterra tanto abrirnos a nuevas ideas que, a menudo, reaccionamos con enfado ante visiones y perspectivas que no se alinean con las nuestras e, incluso, cuando sabemos que podrían resultar más coherentes y enriquecedoras para nuestra paz interior. La verdadera sabiduría no está en tener la razón, sino en la flexibilidad con la que navegamos por la vida. Como dice el proverbio japonés:

«El bambú que se dobla con el viento es más fuerte que el roble que se resiste a él».

Vivimos en una sociedad que nos paraliza sembrando el miedo al cambio, al caos, al final de etapas... como si adaptarnos a cada situación fuera una amenaza a nuestra existencia y no una danza natural de la vida. **Temer al cambio es negar lo que somos,** basta con mirar la naturaleza: los árboles no se aferran a sus hojas secas; las estaciones no piden permiso para pasar de un ciclo a otro. Todo en la vida es transformación. Porque sí, toda metamorfosis implica una pequeña muerte: dejar ir lo que ya no somos para que algo nuevo, más honesto, pueda nacer. Hay que hacer espacio, vaciar rincones del alma, soltar el peso que nos frena.

Y eso requiere valor para limpiar y ordenar el hogar interno que habitamos: el ser que cada uno de nosotros realmente es, sin conformarnos con las ruinas heredadas.

La pregunta incómoda es: ¿acaso la sociedad prefiere moldearnos para ser herramientas útiles, eficientes y obedientes, incluso si esto significa sacrificar nuestra humanidad, nuestro potencial inmenso, libre, poderoso? Igual esa es la razón de que se nos enseñe a resistirnos al cambio: porque frente el cambio, hay posibilidad, hay renacimiento. Y eso, para quienes quieren que sigamos dormidos, es profundamente peligroso. Soltar el control no supone rendirse, olvídate de eso, es confiar. Es dejar de remar contra la corriente y empezar a flotar con ella. Es mirar a Don a los ojos y decirle: «Estoy listo para soltar esta mochila, para liberar todo lo que ya no me define». Significa abrazar los cambios sin miedo, sabiendo que cada amanecer trae una nueva oportunidad para dejar atrás lo que nos pesa y caminar más livianos, más auténticos, más nosotros.

Morir en vida: la transformación del ser

En muchas tradiciones espirituales y filosóficas se repite una verdad poderosa: hay que morir antes de morir. No se trata de la muerte del cuerpo, sino la muerte interior, que ocurre cuando se disuelven las máscaras, los apegos, y cuando deshacemos, hilo a hilo, el traje del personaje que creíamos ser. Morir en vida significa dejar de identificarnos con ese yo construido, con ese ego que defendemos a capa y espada, y permitir que la quietud que aguarda tras el ruido, la consciencia que observa tras el telón se exprese, y que le hagamos un hueco a nuestra vera.

En el budismo tibetano, por ejemplo, esta enseñanza supone un pilar esencial. Se dice que solo cuando el ego muere podemos ver con claridad la naturaleza de la mente. En prácticas como la meditación Phowa, los monjes se entrenan para el momento de su muerte mediante la transferencia de la consciencia; es decir, visualizan cómo su consciencia se desprende suavemente del cuerpo, como una brisa que se eleva y se funde con el universo dejando atrás la forma, pero no el ser.

En otros caminos, como el sufismo o el misticismo cristiano, la entrega total al amor divino implica también una muerte interna: la del yo separado, la del control, la del deseo de permanencia. Los chamanes utilizan plantas como la ayahuasca para experimentar la disolución completa del ego, y así alcanzan un estado de unión con la totalidad existente y sintonizan profundamente con la verdad desnuda: somos todo, y a la vez, nada.

Místicos contemporáneos como Mooji nos recuerdan que no somos el personaje, la historia, ni siquiera la voz que comenta la vida en nuestra mente. Somos la presencia silenciosa que observa, esa luz que no cambia, que no nace ni muere, que simplemente es.

Y cuando al fin aprendemos a morir en vida, algo profundo ocurre:

El miedo se desvanece… pierde su fuerza.
La ansiedad se disuelve como niebla al amanecer.
El apego ya no nos encadena.
La vida se convierte en un juego sagrado, no en una lucha.
Y recordamos —con una certeza que no viene del pensamiento— que lo que realmente somos jamás puede morir.
Porque en esa muerte simbólica, lo eterno se revela.
Y en el silencio que queda, escuchamos nuestra alma vibrar.

Lo extraordinario que hay en ti: cómo superar el miedo a la muerte

Detén un momento la lectura para formularte estas preguntas:

- Si supieras que te queda un mes de vida, ¿qué dejarías de hacer hoy mismo?
- ¿Qué parte de ti necesita morir para que tu verdadera esencia pueda renacer?
- ¿Cuánta libertad sentirías si soltaras ese nudo invisible que es el miedo a morir?

¿Y si, en lugar de huir de la muerte, abrazaras a Don como un viejo amigo que te recuerda lo vivo que estás?

Don —la muerte, sí— no es una figura oscura que se esconde en los rincones. Es más bien un faro de luz que muestra lo que de verdad importa. No viene a arrebatarnos nada, sino a devolvernos el asombro. Nos recuerda que no somos escasez, sino abundancia, y que no vinimos a sobrevivir, sino a florecer. No hay que pelear con la vida para merecerla, solo hay que soltar lo que nos aprieta el alma y abrir el pecho para sentirla entera, con todo su vértigo y belleza. Así que, dime:

¿Estás listo para morir antes de morir?
¿Estás listo para dejar atrás lo que no eres y renacer, al fin, en lo extraordinario que sí eres?

Hábito n.° 7: renacimiento de tu nueva vida

Toma papel y lápiz o boli, y vamos allá.

1. **Escribe tu historia:** tu origen, miedos, deseos, logros, fracasos y todo aquello que sientas que te define como persona.
2. **Reflexiona:** observa lo que has escrito y pregúntate: «¿Quién sería sin todo eso?».
3. **Visualiza tu renacer:** cierra los ojos y visualiza tu propia muerte con mucho amor y cómo dejas atrás el peso de todas tus identidades y te fundes con algo vasto y expansivo.
4. **Repítelo con frecuencia** a través de la escritura o de la meditación para cambiar gradualmente tu percepción de la vida.

«No se puede sanar el alma si no se ha mirado cara a cara a la muerte. Solo entonces se comprende la vida de verdad».

Elisabeth Kübler-Ross

MEDITACIÓN 4

Partes de mí han de morir

(Enfrentar la muerte del ego, soltar sin drama, comprender el vacío sin miedo)

8
El arte de crear desde lo invisible

> Si realmente quieres despertar, debes estar dispuesto a soltar la versión de ti que crees que eres.
>
> MICHAEL A. SINGER

Cuando vivía en Inglaterra, el frío no era tan solo una cuestión del clima. Era un frío que, como suelo decir, se colaba por los huesos del alma; un gris persistente que teñía tanto el cielo como mi ánimo. Me sentía atrapado en un trabajo que no encendía chispa alguna en mi interior, bajo nubes perpetuas que reflejaban a la perfección mi mundo emocional. Había días de tristeza, y otros en los que una melancolía densa me envolvía como una niebla silenciosa. Pero más allá de la falta de vitamina D o del clima húmedo, que sin duda no ayudaba, había algo más profundo: una desconexión con mi alma, con mi verdad, con aquello que realmente daba sentido a mi existencia. En aquellos días grises, soñaba —lo escribía, lo visualizaba, lo sentía— con una vida completamente distinta.

Salía a correr por el parque cercano a casa, y, mientras mis pasos resonaban en el sendero, mi mente volaba hacia las playas doradas de Málaga. Podía oler los espetos de sardinas asándose al fuego en los chiringuitos, sentir la brisa del mar... una realidad que, aunque invisible, ya latía dentro de mí. Soñaba con vivir en Málaga, en una casita frente al mar, con una buganvilla en el jardín, meditando al atardecer, mientras veía cómo el mar y las montañas se fundían con el cielo. Soñaba con construir una familia llena de amor, con sentirme pleno, ligero, en paz. Y, sobre todo, soñaba con un trabajo que vibrara al mismo ritmo que mi alma, que fuera un reflejo fiel de lo que soy y quería ser.

Recuerdo un día —uno cualquiera, aparentemente sin magia— en el que me miré al espejo. ¿Sabes lo que vi? A un hombre que, a pesar de tenerlo delante, no reconocía. No era tristeza ni tampoco rabia. Era algo más silencioso: un vacío que pesaba más que cualquier emoción. Y en ese vacío, algo hizo clic. **Entendí que, si no cambiaba yo, nadie vendría a hacerlo por mí. Ningún maestro, ningún contexto, ningún lugar, ningún milagro. Ni «más adelante» ni decirme que «ojalá las cosas fueran distintas».** ¿Te ha pasado alguna vez lo mismo, mirarte al espejo y no tener claro quién ese sujeto reflejado? No hace falta que estés en una tesitura tan poco agradable como la que yo estaba atravesando, basta con hacer el ejercicio. Así que, como este libro también va de atreverse a ser algo más de lo que ya sabemos que somos, te animo a que un día te plantes frente al espejo de tu casa y observes esa imagen durante, al menos, treinta segundos. ¿Qué emoción te provoca lo que ves? ¿Qué piensas sobre la persona que tienes enfrente?

Esa verdad tan cruda me atravesó el pecho como una ráfaga de viento frío. ¿Y si no hay más tarde? ¿Y si el sueño solo toma forma cuando tú das el primer paso? **Fue entonces cuando dejé de esperar señales del universo y decidí convertirme en la señal.** No porque el miedo hubiera desaparecido, sino porque ya no podía seguir dándole la espalda a lo que mi alma venía murmurando desde hacía tanto. Ese fue el instante en que salté. No al vacío sino hacia mí.

Salté sin garantías, sin seguridad, sin un mapa que me dijera qué había al otro lado. Crucé ese río invisible que separa el miedo de la expansión. Y sí, temblé. Hubo vértigo, dudas, noches en vela, e incluso miedo. No voy a edulcorarlo diciendo que fue más sencillo de lo que pensaba o cosas por el estilo. No resultó fácil, pero me sostuvo cada día el convencimiento real de que al otro lado me esperaba lo que tantas veces había visto en mis meditaciones: el hogar, la alegría, la evidencia. Poco a poco, casi como si un hilo invisible lo tejiera todo, la vida fue creándose a sí misma en esa nueva oportunidad. Y ¿sabes qué? ¡Que se creó más bella de lo que había podido imaginar! Mi realidad dio un vuelco como una tortilla en la sartén. Y siento que no fui yo quien persiguió la manifestación; fue ella la que me encontró a mí, porque antes de verlo con mis propios ojos, la viví dentro, me convertí en la persona que ya habitaba esa nueva vida, desde el silencio, desde la visión, desde el corazón. **Déjame decirte que son los procesos los que realmente nos transforman, mucho más que el destino o la meta en sí.** Son esos granos de esfuerzo consciente por querer ser una mejor versión de nosotros los que se sedimentan y forjan personalidades evolucionadas que llegan para quedarse.

Recuerdo con todo detalle el día en el que vimos la casa en la que vivimos hoy. Mi mujer, con los ojos brillantes de ilusión, me dijo: «Mi amor, me encanta». Pero el precio era alto y aún no sabíamos si el banco nos concedería la hipoteca. A pesar de eso, decidimos arriesgarnos. Hicimos una oferta por la casa, y menos de una hora después, nos llamaron: la habían aceptado. Ella me miró con preocupación y susurró: «El banco nunca nos dará este dinero». Pero dentro de mí una voz me decía que ese era nuestro hogar, que no me impacientase. Así que me armé de fe y me presenté en el banco. «Hola, vengo a pedir una hipoteca», dije, como un cateto de pueblo, sí, pero con una convicción férrea. Me senté frente al director y le expliqué nuestra situación, nuestros ahorros, nuestros sueños. Quince días después, firmamos las escrituras. Jamás olvidaré cuando nos hicieron entrega de las llaves de la casa. Me senté junto a mi mujer en la terraza, con la luna iluminando el mar como un farol encendido por la divinidad. Con una cerveza en la mano, una gratitud indescriptible estalló en mi pecho. Era una mezcla de emociones inefables, pero, por encima de todas, reinaba una: el agradecimiento. Era como si el universo hubiera entretejido los hilos invisibles de la realidad para traerme a ese momento.

Y este libro también nace de ese campo invisible que lo entreteje todo. Ese lugar donde la consciencia, la intuición y lo sagrado se encuentran. Los retiros, los encuentros, los milagros cotidianos todo parece llegar en el momento justo, como si una fuerza susurrara al oído del tiempo y lo guiara.

Los retiros, los lugares, las personas, los proyectos... todo parece llegar en el momento justo, como si una fuerza susurrara al oído del tiempo y lo guiara. Uno se vuelve canal, mensajero, recipiente de algo mucho más grande que uno mismo. Entonces, lo invisible se vuelve visible. Y la vida, un milagro.

¿Qué es manifestar?

Manifestar no es pedir con ansiedad, ni mucho menos necesitar. No es pedirle a la vida o al cosmos aquello que nos repetimos que nos merecemos y que brota inconscientemente de un rinconcito del ego herido. Tampoco es sentarse con los brazos cruzados esperando a que el universo mueva todas las piezas por y para ti, como si fueras un espectador pasivo en tu propia vida. **Manifestar es recordar quién eres en esencia. Es reconectar con esa versión de ti que ya vive la**

vida extraordinaria con la que sueñas, y comenzar a vibrar desde ese lugar. Es un retorno a tu verdad, a tu autenticidad más pura. Es una forma de salir de la matriz, romper con los moldes, dejar atrás el sistema y los paradigmas que te han dicho quién deberías ser. Manifestar es tener la certeza —no la esperanza— de que ya lo tienes, de que ya eres esa persona, de que aquello que anhelas no está allá afuera ni en el futuro: está aquí y ahora, vibrando en ti. Es un acto de creación consciente que no nace de la mente que calcula, sino del corazón que siente.

Muchas veces creemos que estamos manifestando, pero en realidad estamos pidiendo desde la carencia, desde la urgencia, desde la sensación sutil de que algo nos falta. Sin embargo, el universo no responde a palabras ni a súplicas desesperadas; responde a la vibración que emanamos. Si vibras desde la necesidad, lo único que haces es amplificar el eco del vacío. Por eso el verdadero poder surge cuando vibras desde la plenitud, desde la gratitud profunda, desde la confianza absoluta en que lo que amas ya forma parte de tu realidad, aunque aún no se haya materializado. Es como regar una semilla con alegría (y confianza), sabiendo que el fruto llegará. Manifestar es alinearte con lo que ya eres.

La intención: pensamiento claro + emoción elevada

Prácticamente en todo lo que hemos visto hasta ahora hay un ingrediente común: la intención. La intención es algo así como una llave maestra que abre las puertas del universo. Desde mi punto de vista es la alquimia entre un pensamiento claro y una emoción elevada. Cuando ambos se entrelazan (como lo hacen las notas y los silencios en una melodía perfecta) nace un lenguaje que el universo comprende sin necesidad de palabras. Proponernos algo desde la gratitud, el amor o la expansión es como sembrar una semilla en tierra fértil bajo la luz del sol: despierta un campo magnético capaz de atraer realidades que, desde la lógica, parecerían imposibles e inalcanzables. La mente dirige, pero es el corazón quien lo enciende de vida.

Los grandes genios de la historia no solo imaginaron sus obras, sino que las vivieron en su interior mucho antes de verlas materializadas. Las visualizaron, las acariciaron con los sentidos del alma, las sintieron como si ya fueran reales. Así es como se gesta la creación: todo nace primero como una intención, una imagen fugaz, un deseo encendido en la mente. Y desde ahí, se despliegan infinitas posibilidades en el campo cuántico, que van acortando las distancias hasta conectar con aquello que está alineado con la persona que siente y manifiesta esa realidad. Repito, pues, que no basta con pensarlo, necesitas sentirlo. Tienes que convertirte en esa versión de ti mismo que ya vive lo que desea. No se trata de esperar a que llegue la realidad para sentir la emoción, sino de sentirla primero para que la realidad se manifieste, y, en esa vivencia, llenarte de ilusión. Manifestar no radica en el acto de perseguir, sino en tener un pensamiento nítido y una emoción elevada, de recordar quién eres y habitar desde dentro esa vida que anhelas como si ya la estuvieras viviendo.

Meditar para manifestar

He probado multitud de técnicas de todo tipo, pero si de algo estoy seguro es de que la meditación constituye el portal. Es el umbral silencioso donde el ego se apaga y el alma despierta, el medio para acceder a algo inmenso y mágico. En ese vacío lleno de vida, donde el tiempo se disuelve y el pensamiento se aquieta, puedes sembrar tu intención como una semilla fértil. Una semilla que no nace de un deseo ávido, sino de una honda certeza: la de una memoria futura que ya existe en el campo infinito de posibilidades. Desde ese lugar de conexión profunda, siembra tu visión y luego, suéltala. No la aprisiones con expectativas ni la persigas con ansiedad. Confía. Confía en que el campo cuántico, esa inteligencia creativa que todo lo sostiene, sabrá cómo y cuándo hacerla florecer.

Hagamos un alto en la lectura para realizar un pequeño ejercicio práctico:

- Respira hondo.
- Lleva suavemente tu atención al corazón.
- Siente gratitud, amor, éxtasis, coraje, poder... deja que esas emociones te inunden como olas cálidas.
- Fúndete con el vacío. Conviértete en el campo cuántico: esa matriz invisible donde todo nace y todo se entreteje. Sé parte de esa creación viva.
- Ahora, lanza tu intención como si fuese una energía vibrante, cargada de información, como una onda que se expande hacia el universo.
- Siente esa intención en cada célula de tu cuerpo, y permite que tu corazón, como un poderoso imán, atraiga hacia ti lo que ya es tuyo. Tómate el tiempo que necesites para sentir todo eso.

- Desde este instante, incorpora a tu vida la certeza de que ya es presente. Camina, piensa y siente desde esa convicción.

Recuerda que la acción también es parte del milagro. El universo necesita tu compromiso. No lo hará todo por sí solo. Aquí me tienes a mí, como ejemplo: escribiendo, creando, actuando y manifestando este libro. Cuando hagas este ejercicio, lo que conseguirás es dialogar con el universo en su idioma original, que es la vibración. Porque, cuando vibramos con claridad, el universo responde con ecos que te devuelven lo que ya es tuyo por derecho de alma pura y amorosa.

Un nuevo paradigma: de buscar a atraer

Cuando manifiestas desde el ser, dejas de buscar. Ya no persigues, ya no imploras. Simplemente permites. Adquieres una apertura tal que ya atraes desde la autenticidad de quien realmente eres. Ya no sientes necesidad, porque todo lo que deseas comienza a orbitar a tu alrededor como planetas alineándose en la sinfonía de tu vibración.

Emanas una luz, una frecuencia que se percibe incluso antes de que pronuncies una palabra. En ese estado magnético las personas, los lugares, los proyectos y las sincronicidades comienzan a manifestarse como piezas perfectas en el rompecabezas de tu vida. Son encuentros inesperados, puertas que se abren sin esfuerzo, oportunidades que parecen llegar de la nada, pero que, en realidad, son respuestas a tu nueva frecuencia. En absoluto creas que se trate de algo naíf. La ciencia también ha demostrado que los seres vivos emiten una luz visible que desaparece cuando morimos. Un grupo de científicos de la Universidad de Calgary, en Canadá, ha documentado recientemente un hallazgo que podría cambiar nuestra comprensión (y, por tanto, nuestros prejuicios) sobre la vida y la muerte. El estudio, que ha sido publicado en *The Journal of Physical Chemistry Letters*, analizó las emisiones lumínicas de ratones en una cámara oscura. Con instrumental de alta sensibilidad, como cámaras con multiplicadores de electrones, lograron descubrir la emisión sutil pero detectable de fotones (EPU, por sus siglas en inglés) en el rango visible del espectro. El mismo procedimiento se replicó en hojas de varias especies de árboles, observando que las zonas lesionadas brillaban más que las intactas.

En este proceso de evolución de nuestro yo y de la vida de cada cual, es probable que algunas personas se alejen de nosotros. No porque algo esté mal, sino porque ya no resuenan con la nueva melodía que estás tocando. Todo cambio interno provoca un eco externo: amistades, hábitos, entornos... todo se transforma. En ese vacío que se abre, en paralelo, también comienzan a llegar seres extraordinarios que conectan contigo desde lo genuino. Almas que hablan tu mismo idioma, que vibran en amor y comparten el mismo camino espiritual. Descuida, las vas a reconocer enseguida, tu interior lo sabrá; porque, además, seguro que la otra persona experimenta emociones análogas hacia ti.

Como puedes ver, manifestar no es magia, pero uno lo siente como si lo fuera. Se trata de un acto profundo de confianza en la vida, un rendirse al río sin intentar nadar contra la corriente. Consiste en permitir que tu nueva vibración haga el trabajo, mientras tú abres el corazón a recibir.

Preguntas para crear desde lo invisible

- ¿Estás pidiendo desde la plenitud o desde la necesidad?

- ¿Qué versión de ti necesitas soltar para convertirte en quien ya vive lo que deseas?
- ¿Qué emoción puedes cultivar hoy para que florezca en la realidad que anhelas vivir?
  ¿Te estás moviendo empujando el río o permitiendo que la corriente te guíe?
- ¿Qué hábito, vínculo o pensamiento ya no resuena con la frecuencia de tu alma?

Hábito n.º 8: claves para manifestar de forma auténtica

Los puntos básicos que deben tenerse en cuenta son estos cinco:

- **Alinea tu energía:** busca momentos sagrados para volver a ti. Medita, respira hondo, regula tu sistema nervioso. Todo comienza en el silencio interior, donde la mente se aquieta y la calma se convierte en el terreno fértil para sembrar nuevas realidades.
  Revela tu intención con claridad y con una emoción elevada: piensa con nitidez, siente con profundidad y conéctate con esa visión

que deseas atraer. No lo hagas desde el deseo que suplica, sino desde la certeza que vibra. Cuando pensamiento y emoción bailan al mismo **ritmo, el universo responde.**

- **Confía y ríndete:** suelta el timón del control y permite que la corriente de la vida te sorprenda. Las manifestaciones más poderosas llegan cuando no estamos forzando la orquesta, sino dejando que el ritmo nos atraviese. Fluir no es resignarse, es colaborar con lo invisible.
- **Encarna tu nuevo yo:** vive desde ahora como esa versión de ti que ya está alineada con su propósito. Camina, habla, siente y vibra desde ese sentir. No esperes a tenerlo para convertirte en ello; conviértete primero, y lo demás llegará por resonancia.

Ten una certeza absoluta: actúa como quien ya ha recibido lo que pidió. Siente esa vibración en cada célula de tu ser, y entrégaselo a lo divino. Confía en que el universo está conspirando para que todo llegue en el momento perfecto, como una sinfonía que aún no has escuchado entera, pero que ya está siendo interpretada para ti.

La manifestación no es un destino, es un camino.
No se trata de magia, aunque lo parezca,
sino de una danza armoniosa entre ciencia,
consciencia y alma.
Cuando vives desde ese lugar,
desde el presente vibrante, desde la certeza suave,
desde la entrega plena,
todo lo que antes parecía invisible comienza a
materializarse.
El universo siempre te escucha.
La verdadera pregunta es: ¿desde dónde estás
hablando tú?

9

El corazón, mi aliado

Muchas noches, cuando llega la hora de dormir, me tumbo junto a mis hijos. Y, además de los cuentos clásicos, también les narro historias que me invento. Cuentos con alma en los que hay dragones, sí, y también portales secretos y viajes a mundos mágicos e invisibles. De una forma u otra, todas esas historias terminan en el mismo lugar: llegando a un mar dorado, y en su orilla, su propio corazón. Ese corazón que brilla, que los guía incluso cuando todo pareciera oscuro, que late suave como un tambor ancestral que les recuerda quiénes son. Les enseño que dentro de ellos hay un faro, y ese faro no necesita mapas, ni GPS, ni la aprobación de nadie. Es un corazón que solo necesita que lo escuchen.

Porque el corazón, ese gran sabio olvidado, no es

tan solo un órgano. Es un canal y un aliado inmejorable. Para mí se trata de una brújula silenciosa que, cuando le damos espacio, nos marca el camino sin pérdida ni titubeos.

Abriendo las puertas de mi alma

Era una tarde cualquiera, de esas que no prometen mucho. Todo parecía normal, tranquilo, pero dentro de mí algo se estaba moviendo. No sabía bien qué era, pero tenía una sensación rara, como cuando algo importante está a punto de pasar y todavía no lo ves venir. Iba conduciendo por una carretera a las afueras de Málaga, y el cielo se pintó de ese naranja precioso que aparece justo cuando el sol empieza a decir adiós. Tenía la ventanilla medio bajada, la brisa me rozaba la cara y la música sonaba bajito de fondo, casi sin querer molestar. Y de repente, lo sentí. Ahí, en el pecho. No era un dolor, ni una punzada, sino un eco suave. Como si alguien —o algo— tocara suavemente la puerta de mi alma pidiendo entrar. Paré el coche en un pequeño mirador y me quedé mirando el horizonte. Me di cuenta de que llevaba años viviendo en piloto automático, tomando decisiones desde la cabeza, queriendo tenerlo todo bajo control. En medio de todo ese ruido, se me había olvidado lo más importante: parar y escuchar. Me llevé la mano al corazón, cerré los ojos y, por primera vez en mucho tiempo, dejé de pensar. Todos mis sentidos se activaron lo suficiente como para limitarme a observar y a sentir. Entonces sucedió. Una ola de energía comenzó a expandirse desde dentro como si una sábana invisible se sacudiera dentro de mí despertando cada célula de mi cuerpo. Fue tan fuerte y tan claro que le puse nombre: sabanazo. Una sacudida brutal de amor, gratitud, de vida... de algo que no se puede explicar, pero que me atravesó y me cubrió de arriba abajo.

En ese instante, lo entendí. Todo eso que había estado buscando durante tanto tiempo —paz, propósito, claridad— no estaba fuera. No estaba en mis planes, ni en mis metas, ni en lo que había conseguido o quería conseguir. Estaba ahí dentro. Siempre estuvo ahí, esperando a que me acallara un rato y lo sintiera.

El corazón: el verdadero cerebro

Vivimos en un mundo que le rinde culto a la mente. Pensar más, analizar más, entender todo... Como si la vida se pudiera resolver meramente con la lógica. Pero la ciencia, y también la experiencia, nos está recordando algo que habíamos olvidado: que el corazón no es tan solo un músculo encargado de bombear sangre, sino que también piensa, también siente. Es un centro de inteligencia. Resulta que el corazón cuenta con más de setenta mil neuronas y se comunica constantemente con el cerebro. No solo recibe órdenes, también las da. Se trata de una especie de diálogo silencioso y profundo entre dos inteligencias. No obstante, lo más curioso es que, durante mucho tiempo, tan solo escuchamos a una de ellas. Cuando el corazón está en coherencia —es decir, cuando late en calma, alineado con lo que sentimos y hacemos de verdad—, emite una vibración que equilibra todo el cuerpo. Este estado armoniza la mente, regula el sistema nervioso y permite que la vida fluya con menos resistencia. En cambio, cuando el corazón está cerrado, atrapado en el miedo, el estrés o la desconexión, todo se desajusta y la mente se llena de ruido, el cuerpo se tensa y la realidad se torna más complicada. Por eso la clave no está en pensar mejor, sino en sentir mejor.

Cuando cultivamos la coherencia cardiaca, algo maravilloso sucede: nos reconectamos con la vida desde el centro. A partir de ahí, empezamos a vivir momentos en los que el ahora se siente con una intensidad que hasta el ego se queda con la boca abierta ante tanta belleza. Son momentos en los que no falta nada, no corre el reloj, solo existe el presente... limpio, eterno, rebosante de amor y gratitud. Cuando eso se da, resulta imposible no ser consciente de que está sucediendo.

Cuando el corazón se expande, el mundo cambia

Desde aquel día en la carretera, adopté un hábito que, sin exagerar, transformó mi vida por completo: hablar con mi corazón. Cada mañana, antes de hacer cualquier otra cosa, coloco las manos sobre el pecho y simplemente le digo: «Gracias. Guíame, muéstrame el camino». Es un gesto nimio, pero honesto y consciente, que dota de presencia, agradecimiento e intencionalidad a mi día.

Lo que he descubierto desde entonces es que cuando le das amor a tu corazón, él te lo devuelve multiplicado. Las decisiones se vuelven más claras, las oportunidades aparecen casi sin buscarlas, las relaciones florecen, y aquello que antes parecía un problema simplemente pierde peso, se disuelve. No porque haya cambiado sobremanera el mundo exterior, sino porque tu vibración interna empieza a hablar el lenguaje del amor, la paz y la gratitud. Este sencillo hábito ha transformado la forma en que percibo el mundo, y también cómo me relaciono con él. Ahora camino más consciente, más presente, y disfruto los pequeños detalles que antes me pasaban desapercibidos. Cuando el corazón se abre, el miedo se encoge, pierde su fuerza, y el amor se convierte en el impulso que guía cada una de mis acciones.

El corazón es el puente entre lo humano y lo divino

En este camino de transformación personal, he probado muchas herramientas: la meditación, la respiración consciente, la conexión con la naturaleza. Todas ellas me aportan algo valioso, sin duda; pero si hay un acto que verdaderamente ha marcado un antes y un después en mi vida, ha sido abrir mi corazón sin reservas. Creo que cuando vivimos con el corazón cerrado, cada día se vive como una ardua batalla que nos genera más resistencia de la que ahora mismo, leyendo estas líneas, puedas imaginar. En cambio, cuando lo abrimos, lo que te rodea se acaba convirtiendo en un regalo. Y aquí reside la gran verdad: *el corazón es el acceso directo a lo divino.*

No hace falta complicarse con rituales raros ni tratar de comprenderlo todo a nivel mental. A veces, lo único que necesitamos es hacer una pausa y entrar en ese rincón sagrado que todos llevamos dentro. Ese lugar tranquilo donde está lo más auténtico de nosotros. Desde ahí, apenas sin darte cuenta, te conviertes en un faro de luz para los demás. No porque lo busques, sino porque tu forma de estar en el mundo inspira, toca, acompaña.

Abrir tu corazón es descubrir lo extraordinario que hay en ti

Respira hondo y trata de responder a estas preguntas:

- ¿Cuándo fue la última vez que escuchaste de verdad a tu corazón?
- ¿Qué pasaría si, en lugar de pensar más, empezaras a sentir más?
- Si hoy dejaras que solo tu corazón eligiera por ti, ¿qué decisiones tomarías?

- ¿Estás listo para dejar que tu corazón te lleve hacia la vida que mereces?

Hábito n.º 9: expande tu corazón, expande tu realidad

Te invito a realizar un gesto sencillo, pero profundamente transformador. Se trata de algo pequeño en apariencia, pero que es capaz de cambiar tu vida desde la raíz. Cada día, tómate unos minutos para cerrar los ojos, colocar las manos sobre el pecho y conectar con tu corazón. No lo veas solo como un órgano físico, ni como un simple músculo que late y bombea sangre. Siéntelo como lo que es: una fuente de energía, un pulso que te conecta con todo lo que eres y todo lo que te rodea. En ese instante, llénate de gratitud y susúrrale con amor:

Gracias por latir sin descanso.

Gracias por sostenerme, incluso cuando olvido hacerlo.

Gracias por ser el puente entre mi alma y el universo.

Haz de este momento un ritual diario, un espacio sagrado de presencia, entrega y devoción. Hacia ti, hacia la vida. Porque cuando honras a tu corazón con amor y gratitud, te aseguro que él te devuelve con creces: te abraza desde dentro y expande ese amor hacia todo lo que tocas. Vas a poder comprobarlo por ti mismo. Y, ahora, te planteo una pregunta adicional:

¿Seguirás viviendo desde la mente, o te atreverás a abrir las puertas de tu alma y dejar que tu corazón te muestre de lo que eres capaz?

MEDITACIÓN 5

Renace desde el corazón

10

El arte de renacer

¿Qué es renacer?

Unos capítulos atrás hablábamos de la muerte. De soltar, dejar ir y permitir que partes de nosotros se desvanezcan para dar paso a algo nuevo. Pero morir no es suficiente; es imprescindible renacer. Porque cuando vacías un armario lleno de ropa vieja, no lo dejas vacío para siempre: haces espacio para lo nuevo. Pues lo mismo ocurre con la mente: limpiar los pensamientos que ya no nos sirven es solo el primer paso; también es necesario cultivar ideas nuevas.

Renacer, en esencia, supone un acto de creación. Significa ser consciente de que somos arquitectos de nuestra identidad, pintores de nuestra propia realidad. Es decidir, con intención, qué semillas queremos plantar en el terreno fértil de la mente, el corazón y en el campo energético. Por eso es también un acto de amor propio, ya que nos regalamos el permiso de crecer, de aprender y de reinventarnos. Cuando tocamos fondo, no queda otra que recoger los pedazos, unirlos con amor y empezar de nuevo. Debemos crear, desde las cenizas, una nueva versión de nosotros mismos, y con ella, una nueva forma de vivir. En la mitología griega, el ave fénix es mucho más que una criatura legendaria, constituye un símbolo de transformación. Dicen que vive cientos de años, y que cuando su ciclo ha llegado a su final no huye del fuego, lo abraza. Se deja envolver por las llamas, se rinde al proceso, se consume por completo. Justamente desde esas cenizas, desde lo que parecía el final, nace de nuevo. Más viva. Más sabia. Más ella.

El presente es la semilla del futuro

La ciencia nos confirma lo que los místicos han proclamado durante siglos: el mundo exterior no es más que un reflejo de tu mundo interior. Si tu vida está marcada por el caos, la ansiedad o la confusión, no es mera casualidad, sino una resonancia con emociones inconscientes que están vibrando en ti. Y si, por el contrario, experimentas armonía, abundancia y amor, tampoco se debe a la suerte: es la consecuencia natural de lo que has cultivado. Todo es un espejo. La vida responde, incluso cuando no eres consciente de lo que estás pidiendo.

La pregunta clave es la siguiente: si lo que estás viviendo no te gusta, ¿qué semillas has ido sembrando sin darte cuenta, que han dado forma a tu presente? El problema no radica en el presente, sino en las raíces que lo sostienen. A veces pensamos que causa y efecto son fenómenos inmediatos, pero en realidad se trata de un proceso que lleva su tiempo. Como ocurre con las plantas, lo que siembras en tu interior necesita ser regado, cuidado y sostenido con amor para florecer.

Si sembraste miedo, hoy cosechas limitación.
Si sembraste rencor, hoy cosechas soledad.
Si sembraste duda, hoy cosechas incertidumbre.

Pero también...
Si siembras gratitud, cosecharás milagros.
Si siembras amor, cosecharás conexiones auténticas.
Si siembras confianza,
la vida te sorprenderá con oportunidades que ni imaginabas.

Renacer es cultivar una nueva realidad

Cambiar y renacer no son lo mismo. El cambio suele ser superficial, un intento de ajustar lo externo sin tocar lo profundo. Renacer, sin embargo, conlleva desarmarte por dentro, cuestionar la versión que ya no te representa y construirte otra vez desde el alma. Es una reconfiguración total, no una remodelación parcial; supone pensar, sentir y actuar de modo distinto. En suma, permitir que una versión más auténtica de ti tome forma. Y esto, como ya sabes, no ocurre por accidente, ocurre porque un día lo decides.

Si anhelas una vida nueva, siembra pensamientos nuevos.
Si deseas una vida en paz, siembra emociones elevadas.
Si buscas una vida con propósito,
vive en coherencia con lo que tu alma susurra.
No es magia, es el flujo natural del universo:
lo que plantas, cosechas.

Además, renacer es mucho más que un simple cambio, ya que supone un viaje continuo. Es el compromiso diario de volver a ti, un diálogo entre tu yo presente y ese niño interior que guarda intacta su esencia más pura. Es honrar con gratitud a quien has sido, mientras abrazas con amor a quien estás empezando a ser. Y, sobre todo, conlleva abrirte a ser moldeado por la vida, sin resistencias, sin apegos, dejando de querer controlar el resultado y confiando en que todo, incluso lo incómodo, tiene sentido en tu proceso.

El cuántico juego de la vida: abrirse a la magia

Cuando comienzas a cultivar con intención, cuando elevas tu frecuencia y tu energía, la vida te empieza a responder con lo que muchos llaman «magia». Oportunidades inesperadas, personas que llegan justo cuando más las necesitas, caminos que se abren donde antes solo veías muros. Y muchas, pero muchas sincronicidades. Probablemente sepas lo que es, pero quiero rescatar el enfoque que le dio Carl Jung. Para el mítico médico y psiquiatra, la sincronicidad consiste en la simultaneidad de dos o más eventos relacionados por su contenido significativo, pero no por una relación causa-efecto. Es decir, se trata de una coincidencia significativa de eventos que no pueden explicarse por la causalidad y que tienen un significado personal para quien los vive. ¿Qué habría detrás, entonces? Estas coincidencias podrían indicar un orden más profundo en el universo, una conexión entre la psique y el mundo externo. Te suena, ¿verdad?

Entonces surge la pregunta: ¿acaso la vida siempre ha sido así y simplemente no estábamos abiertos a percibir su verdadera belleza? La física cuántica lo confirma: vivimos en un campo de infinitas posibilidades. Cada instante es un abanico de realidades potenciales esperando a que tú las actives con tu intención. Así que, si lo que observas fuera refleja lo que llevas dentro, ¿qué pasaría si empezaras a cultivar algo distinto? ¿Y si en lugar de esperar que la vida te sorprenda, fueras tú quien sorprenda a la vida con tu luz? La vida es un juego cuántico, y tú eres el creador. Tómalo si quieres como eso, un juego. Tú escoges si como protagonista de él eres un personaje activo o pasivo, alguien que elige su realidad cada día. La verdadera magia está en participar conscientemente en esa danza invisible de sincronicidades, oportunidades y milagros. La vida está dispuesta a darte en abundancia, pero te dará más de lo que ya estás vibrando. Ahora la elección es tuya. Puedes seguir viviendo en modo automático, anclado en una realidad no elegida y en incoherencia con tu verdadera luz, o bien puedes tomar el timón de tu alma y crear una vida alineada con tu propósito y en coherencia con tu verdad.

Renacer desde el alma

- ¿Qué parte de ti necesita morir para que algo nuevo pueda nacer?
- ¿Qué estás sembrando hoy en tu vida? ¿Es lo que realmente deseas cosechar?
- ¿Qué semilla puedes plantar hoy para empezar a construir esa vida que tanto anhelas?
- Si soltaras el miedo, la duda y el control, ¿cómo sería tu renacer?

Hábito n.º 10: cultiva tu renacer

Tengo una nueva propuesta para ti: durante los próximos siete días, siembra de forma intencional aquello que deseas ver florecer. Cada mañana, cultiva gratitud. No porque todo sea perfecto, sino porque siempre (¡siempre!) hay algo por lo que podemos estar agradecidos, y porque la gratitud eleva tu frecuencia y abre puertas invisibles.

Siembra alegría en tus encuentros. Cambia tu energía, y verás cómo todo a tu alrededor también cambia. Siembra cooperación. En vez de resistirte o competir, elige fluir, colaborar, confiar. Cree en el campo cuántico. Cree que la vida conspira a tu favor y deja que la magia haga su parte, mientras tú haces la tuya. Cuando cultivas así, créeme, la cosecha siempre llega. Es inevitable.

Renacer no es un evento, sino un proceso.
Es decidir, cada día, cultivar algo nuevo en ti.
Es recordar que siempre has tenido el poder de crear tu realidad.
Y ahora te pregunto: ¿qué vas a cultivar hoy?

11
La música del universo: la frecuencia que eleva, conecta y trasciende

¿Recuerdas que te he contado que estaba convencido de que se me daban mal los idiomas? Pues te voy a explicar otra cosa. Siempre he sentido una conexión especial con la música, aunque, siendo honesto, durante años he arrastrado la creencia de que no soy bueno con los instrumentos. No es que lo haya intentado con demasiada constancia, pero esa idea se instaló en mí como un eco suave, uno de esos que repite «esto no es lo tuyo». Y, sin embargo, he aprendido a escuchar otra creencia que brilla con más fuerza dentro de mí, la intuición profunda de que puedo entrelazar una melodía extraordinaria con mi voz y crear magia. Eso, para mí, es la verdadera maestría. Porque más allá de los acordes o la técnica, sé que cuando el sonido se encuentra con la intención y el alma se atreve a expresarse sin filtros, algo se enciende. De eso quiero hablarte en este capítulo.

Hoy te invito a sumergirte en ese universo invisible donde la música no solo se escucha, también se respira, se encarna, se convierte en medicina. Vamos a explorar frecuencias, vibraciones... y cómo, cuando dejas de resistirte y te rindes al sonido, algo dentro de ti comienza a afinarse con la vida.

El ritmo de la consciencia

Colombia. Madrugada. Una montaña con vistas a un mar de nubes, algo que jamás olvidaré. El aire era fresco, limpio, tenía algo especial, como si con cada respiración te metieras dentro de un momento sagrado. Íbamos ascendiendo en silencio, éramos un grupo de personas caminando con calma, dejando huellas suaves en la tierra mojada. No hablábamos, pero parecía como si todos supiéramos que estábamos entrando en un lugar nunca antes visitado. No era una caminata cualquiera. Era un ritual, una meditación en movimiento. Comenzamos con los ojos cerrados. Sí, literalmente. La idea era dejar que los demás sentidos se despertaran. Claro está, al principio la mente se resistía: «¿Y sí me caigo? ¿Y si me pierdo?». Pero cuando dejas de pelear con esos pensamientos y simplemente sigues caminando, pasa algo: el cuerpo empieza a confiar. Y entonces todo cambia.

La música acompañaba la meditación. Primero, una melodía suave, etérea, como flotando en el aire. Después, un sonido más profundo, que nos anclaba a la tierra, al cuerpo, al momento. En ese instante abrimos los ojos y seguimos caminando, pero ahora con una intención distinta. Cada paso tenía un peso, un sentido impregnado de significado. Era como si estuviéramos caminando hacia una nueva versión de nosotros mismos. Y ahí estaba él, un tipo que había venido sin muchas ganas. Me lo había dicho su esposa: «Él solo vino por el paisaje». Pensaba caminar, sacar algunas fotos y echarse una siesta en las meditaciones; algo que no es nada raro, la verdad. Pero al final de la caminata, cuando el sol empezó a asomar entre las montañas y la música nos envolvía, ese hombre se acercó a mí. Los ojos aún le brillaban por lo que acababa de experimentar. Me miró y dijo: «Tony, tú no haces meditaciones… tú haces magia». Sus palabras me atravesaron el alma. Porque la música, usada con consciencia, no es simplemente un fondo. Es un canal, un catalizador que amplifica lo invisible y transforma lo que sentimos. Es algo así como una fuerza que da voz a lo silenciado y lo convierte en movimiento liberador. Es vibración en expansión, porque cuando combinas música con intención, amor y palabras, todo adquiere un significado diferente.

La fórmula oculta del sonido

Con los años, he descubierto que la música no es un simple medio para relajarse: es un código que abre portales hacia estados más profundos de consciencia. Jonathan Goldman lo resumió con una fórmula poderosa: sonido + intención = sanación.

Así que no es solo la frecuencia lo que importa, sino la intención que pones en ella: tu intención, tu presencia, tu energía. Cuando diseño una meditación, cada pieza musical está cuidadosamente acompasada con cada etapa del viaje:

- **La elevación,** para trascender el ego.
- **La conexión,** para sentirnos uno con el todo.
- **La trascendencia,** para olvidar el tiempo y el espacio y fundirnos con lo eterno.

Esto no es mera teoría, es algo que he vivido, que he experimentado de manera tangible. En cada retiro, meditación y respiración colectiva, he sido testigo de cómo la vibración de la música transforma el ambiente y alinea la energía colectiva cargada de armonía y unidad. Sin embargo, lo que más me entusiasma ahora es un descubrimiento reciente: meditar bailando. Lo único que hace falta es sentir la música, entregarse y dejar que el cuerpo hable. Quizá, al final, la verdadera fórmula sea: **sonido + intención + movimiento = transformación.** ¡Se trata de una combinación infalible!

Despertando el poder del cuerpo

Siempre he creído que meditar no consiste en sentarse en silencio. También se medita caminando, respirando, amando… Y ahora sé que también bailando. Si la música tiene el poder de elevarnos a estados superiores de consciencia, el movimiento es la llave que nos permite encarnar esa vibración.

Los derviches sufíes giran en trance hasta fundirse con el sonido. En África, las danzas rituales invocan lo sagrado. En todas las culturas ancestrales, el cuerpo y la música han sido uno, como un lenguaje universal del alma. Entonces ¿por qué no integrar esto en la práctica meditativa? Imagina una meditación en la que el cuerpo se rinde al sonido sin mente, sin juicio. Tan solo tú, la vibración y el espacio. Imagina un grupo de personas en un retiro, bailando con los ojos cerrados, sin importar si saben bailar o no, simplemente permitiendo que el sonido las atraviese. Imagina ese instante en el que la mente se apaga por completo y queda la vibración pura, viva y libre; la sincronía de música y tu cuerpo mientras se expresa y encuentra su centro físico y emocional. Eso es todo lo que quiero seguir explorando: el entrelazamiento de la música y el movimiento como una forma de meditación que nos reconecta con nuestra esencia más pura y auténtica.

La vibración que nos moldea

Quiero compartir contigo algunos datos en relación con lo que estamos hablando. El doctor Mitchell Gaynor demostró que el sonido no solo impacta en nuestras emociones, sino también en nuestra biología. Es más, estudió cómo las frecuencias pueden regenerar células, estructurar el agua del cuerpo y equilibrar el sistema inmunológico. Por su parte, David Gibson, a través de la cimática, mostró cómo el sonido da forma a la materia; cuando una frecuencia vibra sobre arena o agua, crea figuras geométricas perfectas, patrones sagrados. Podemos decir que se trata de la inteligencia invisible del universo.

Así que, si el sonido puede moldear la materia, ¿qué no podría hacer con nuestras emociones, nuestras células, nuestra energía, siendo, *per se*, algo mucho más sutil y que no precisa de una manifestación tan grande como la materia para saber que algo está transmutándose? Recuerdo aquel hombre en Colombia y es como si, en el fondo, no necesitase que esta pregunta fuese respondida. No necesitó conocer la teoría, solo necesitó escuchar, sentir, entregarse al sonido, a mi voz y caminar hacia un nuevo destino. Porque ahí reside la verdad, y porque, al final, somos eso: vibración, frecuencia, música en movimiento. En cada latido, en cada respiración, somos un reflejo vivo del ritmo que nos conecta con todo lo que existe.

La danza del universo

El universo nunca se detiene, gira, late, respira. Parece seguir un plan infinito conectado a nuestra historia como humanos. Sin embargo, con o sin nosotros, su movimiento prosigue; las estrellas se mueven, los planetas orbitan, las galaxias se desplazan… y nosotros también formamos parte del mismo baile eterno. Desde el primer instante de vida, antes que nada sentimos el ritmo: el latido de nuestra madre. Desde pequeños, el cuerpo reacciona instintivamente ante la música, incluso antes de entenderla y, mucho menos, de tan siquiera saber que la música es música. El sonido es el lenguaje del alma, de lo sagrado, y el movimiento su respuesta natural. Bien lo saben las tribus que resisten en multitud de rincones del planeta, pocos como ellos entienden y homenajean los sonidos y el ritmo de una forma tan intensa y pura.

Por eso, ahora integro la meditación en el baile. No como un simple acto de entretenimiento, sino como un camino para convertirnos en música viva.

Elevar, conectar y trascender.

Elevar más allá de lo mundano.

Conectar con la totalidad.

Trascender el tiempo y el espacio.

Es la sinfonía de la vida.

La pregunta no es si la música puede transformarte.

La verdadera pregunta es:

¿te atreves a rendirte a su ritmo?

Cómo integrar la música del universo

- ¿Cuándo fue la última vez que te rendiste al sonido sin pensar, sin juzgar, solo sintiendo? ¿Cómo te afecta la música en tu estado emocional y físico? ¿Has notado cómo ciertas frecuencias te elevan y otras te drenan?
- Si tu vida tuviera una banda sonora, ¿qué melodía sonaría hoy?
- ¿Te animas a meditar desde el movimiento, a dejar que tu alma se exprese bailando?
- Si el universo es una sinfonía, ¿cómo puedes afinarte mejor a su ritmo?

Sé la melodía, no el oyente

Todo en la vida vibra, todo tiene un ritmo. Desde el latido de tu corazón hasta la rotación de las galaxias, el universo entero es música en movimiento. Y cuando dejas de resistirte y te entregas a esa sinfonía que, en ningún caso, puedes controlar, algo en ti despierta, se enciende. Basta con aceptar la invitación del universo a ese baile para sentir que te unes al todo. Así que, dime: ¿seguirás siendo un espectador, o te atreverás a bailar al ritmo del cosmos?

Preguntas para vibrar con la música del universo

- ¿Qué melodía te recuerda quién eres, más allá de las palabras?
- ¿Qué emociones has silenciado y podrían liberarse a través del movimiento y el ritmo?
- ¿Estás permitiendo que tu cuerpo se exprese, o sigues controlando cada paso, cada gesto, cada latido?
- ¿Qué pasaría si dejaras de resistirte y te entregaras, al menos por un instante, al ritmo de lo que está ocurriendo dentro de ti?
- ¿Y si la verdadera sanación no viniera desde el pensamiento, sino desde la vibración que te atraviesa cuando bailas, respiras, o simplemente escuchas con el alma abierta?

Hábito n.º 11: ríndete al sonido, conviértete en la música

La próxima vez que escuches música, no te limites a oírla. Siéntela. Busca un espacio libre de distracciones; tu habitación, un parque o en cualquier lugar donde te sientas completamente libre. Elige música que te toque por dentro. No importa el género, puede ser tribal, instrumental, electrónica o clásica. Lo esencial es que su vibración despierte algo en ti. Cierra los ojos. **Deja que tu cuerpo se mueva como quiera. No pienses, no controles, no interpretes, no pretendas nada.** Se trata, sencillamente, de que permitas que el sonido te atraviese y se exprese a través de ti. Respira, baila y suelta. Deja que tu respiración y tu movimiento se sincronicen con la música. No fuerces nada, solo acepta que la vibración te guíe. Cuando termines, siéntate en silencio. Escucha tu cuerpo y percibe la huella que dejó la música en ti y cómo te transforma.

Haz de ello un hábito diario (inténtalo, al menos), aunque sea por unos minutos. Al levantarte, cuando vayas a vestirte, en la ducha... Convierte tu cuerpo en un instrumento y permite que el universo interprete su melodía a través de ti.

MEDITACIÓN 6

Baila con la frecuencia del universo

12

La meditación: la llave que cambió mi realidad

La decisión de dejar de ser uno más entre la multitud y de soltar la mediocridad disfrazada de comodidad. De encender mi luz, de brillar sin pedir permiso. **Hay decisiones que lo cambian todo.** En mi caso, esta fue una de ellas, el paso de lo leído a lo vivido, de lo pensado a lo sentido. De acumular conocimiento a encarnarlo en cada gesto, en cada paso, en cada elección.

Apuesto a que eres capaz de recordar algún hito, alguna decisión que supusiese un vuelco en tu vida. Porque, en definitiva, sí, hay momentos que marcan un antes y un después, que lo transforman, lo recalibran, lo redirigen. Este, querido lector, fue uno de esos momentos. Lo que voy a contarte a continuación no está en los libros; se vive.

Mi llamada interior: la meditación

Nos mudamos a Kent, Inglaterra, poco antes de que naciera nuestro segundo hijo. Fue justo antes de que el mundo entero se detuviera, en ese paréntesis extraño y silencioso que fue el confinamiento a causa del covid. La casa era antigua, pero tenía alma. Disponía de un jardín amplio, generoso, vestido de verde. Al fondo, un río tranquilo se deslizaba por el valle con la elegancia de quien ya no tiene prisa por llegar. El lugar se llamaba River, no por casualidad. Todo allí parecía susurrar: «Detente, respira, escucha». Alejados del ritmo frenético de Londres, era como si la vida me hubiese quitado el reloj y, al mismo tiempo, me hubiese dado un mapa por descubrir dentro de mí. Entre las colinas suaves, como pinceladas de acuarela, y las tardes que olían a tierra húmeda y a silencio fértil, encontré algo que no sabía que estaba buscando. Recuerdo una de esas tardes como si fuera ahora. El sol se iba escondiendo despacito, bañando el jardín con esa luz tibia que parece acariciar más que alumbrar. Mi esposa y yo compartíamos una copa de vino, acompañados por ese tipo de silencio que no pesa, que no apura, que abraza. Todo estaba aquietado. Y de pronto, algo dentro de mí se rompió o se abrió. Realmente fue una sensación que nunca había sentido. Fue más bien un estallido suave, como una ola interna que llevaba años formándose y por fin encontró la orilla donde romper.

—No quiero vivir una vida mediocre, de borrego, de nueve a cinco —expresé con una firmeza que me sorprendió.

Ella me miró con esos ojos que siempre han sido refugio. Curiosos, dulces, amorosos.

—*What do you mean?* —preguntó con suavidad. (¿A qué te refieres?).

—No quiero despertarme cada día sin ilusión, sin pasión, sin propósito. No quiero vivir atrapado en la rutina de lo que se supone que es normal. Me niego a conformarme. Quiero una vida extraordinaria.

Mis palabras no salieron de mi mente. Surgieron del pecho con una claridad que ni siquiera sabía que tenía y que confieso que a mí mismo me sorprendieron. Como si algo que llevaba dormido por dentro al fin hubiese despertado para recordarme lo que siempre supe. Ya conocía la respuesta antes de pronunciarla. Parecía que mi alma había estado esperando ese momento exacto para recordarme quién soy. Y aunque en ese instante no tenía ni idea de a dónde me llevaría esa declaración, comprendí que acababa de sembrar una semilla distinta. Una semilla que no sabía cómo ni cuándo, pero que empezaría a crecer. Porque cuando lanzas una intención honesta al universo con el corazón abierto, sin disfraces ni máscaras, la vida no solo escucha, sino que responde.

Para mí, la respuesta vino en forma de meditación. Y lo que parecía un simple momento íntimo, se convirtió en el principio de una transformación profunda, nacida desde una verdad expresada desde el alma.

La meditación como portal hacia lo extraordinario

Siempre he sido un buscador. Leía compulsivamente, escuchaba pódcast, veía vídeos, hablaba con todo el que tuviera algo que decir sobre la vida, el alma, el propósito... Pero mi búsqueda, aunque intensa, siempre iba en una sola dirección: hacia fuera. Sin que nunca encontrara algo que me hiciera sentir verdaderamente en casa. Hasta que un día, desde lo más profundo de mi alma y con el anhelo de descubrir esa luz interior, decidí cerrar los ojos e invertir el sentido de la mirada, observando dentro de mí.

La primera vez que medité de verdad —sin expectativas, sin intentar hacerlo perfecto, sin pelear con mis pensamientos— sentí algo que jamás había experimentado. No fue solo paz, fue algo más profundo, como si, por unos minutos, bajara el volumen y todo se alineara. Sentí una presencia, una conexión. No con algo externo, sino con algo inmenso que percibí que siempre había estado ahí, esperando ser recordado y reconocido. Era como si por primera vez no existiera la separación entre mi yo y todo lo demás. No había fronteras entre mi cuerpo y el universo, todo era uno. Yo era el río, el cielo, la luz. Y entonces lloré. No por tristeza, lloré por amor. Por haberme reencontrado conmigo, por haber sentido lo divino, no en las nubes, sino dentro de mí. En medio de aquel silencio tan lleno, lo entendí: *la realidad que percibimos no es más que un reflejo de la frecuencia en la que vibramos* —en la que vibran nuestros pensamientos, nuestras emociones—. Y si cambiamos esa vibración, no queda otra, la vida cambia con nosotros.

La ciencia detrás del milagro

Lo fascinante es que esto que tantos místicos han dicho durante siglos, hoy la ciencia lo está validando.

1. La física cuántica y el campo de posibilidades

La ciencia afirma que vivimos en un mar infinito de probabilidades. Lo que llamamos «realidad» es solo una opción entre miles que existen en el campo cuántico. Nuestra atención, intención y emoción son las llaves que activan una u otra posibilidad. Cuando meditamos con una intención clara, enviamos una señal al universo, sintonizamos con la frecuencia de lo que queremos manifestar.

2. La neurociencia del cambio

Estudios con resonancia magnética muestran que la meditación reconfigura literalmente nuestro cerebro:

- Aumenta la actividad en el córtex prefrontal, el responsable de la claridad mental, la creatividad y la toma de decisiones.
- Disminuye la actividad de la amígdala y así se reduce el miedo y el estrés.
- La meditación, especialmente el *mindfulness*,

es capaz de alargar la longitud de los telómeros (las estructuras que protegen los extremos de los cromosomas) y que determinan la calidad de nuestro envejecimiento.

- Activa la neuroplasticidad: dicho de modo simple, es la capacidad que tenemos de crear nuevas conexiones neuronales y soltar las que ya no nos sirven. Gracias a esto, podemos dejar atrás pensamientos repetitivos, viejos hábitos mentales o maneras de reaccionar que sentimos que ya no nos representan.

Por eso, meditar te hace sentir más en paz en el momento. También te transforma por dentro. Con el tiempo, reeduca tu mente, tu forma de ser e incluso tu química. Demasiadas buenas razones como para no intentar integrar la práctica meditativa en tu vida, ¿no crees?

3. El corazón, la clave de la coherencia energética

El Instituto HeartMath demostró que el corazón genera un campo electromagnético cinco mil veces más potente que el del cerebro. Cuando meditamos y cultivamos emociones como la gratitud, el amor o la compasión, el corazón entra en un estado de coherencia. Este estado no solo armoniza el cuerpo y la mente, sino que amplifica nuestra energía y afina nuestra intuición. Y ahí es cuando la realidad empieza a alinearse casi como por arte de magia. Esa magia que ya sabemos que no es tal, pero parece que lo fuera por la forma increíble que tiene de manifestarse.

Mi transformación: un cambio que ilumina miles de vidas

Siempre tuve la certeza de que la meditación me transformaría por dentro, aunque lo que jamás imaginé fue que también cambiaría mi mundo exterior. A partir del episodio que acabo de contarte de aquel día en Kent, cuando le confesé a mi esposa que quería una vida extraordinaria, no tenía ni idea de lo que estaba poniendo en marcha. Pensé que cambiaría de trabajo o que me reinventaría profesionalmente. Pero no, la vida tenía otros planes, me regaló un canal de YouTube. Dicho canal empezó siendo solo para mí y terminó expandiéndose y expandiéndose. Unos pocos se unieron al principio, luego fueron cientos, después miles. Personas de todo el mundo conectando a través de mi voz, de la energía, de algo que iba mucho más allá de mí y que sentía que se me había entregado para, precisamente, ser compartido. Entonces tuve una nueva revelación y lo entendí. Mi propósito no era enseñar meditación desde la teoría. Mi misión radicaba en acompañar, desde mi propia experiencia, a quien quisiera recordar su verdadera naturaleza: quién es de verdad.

Y los mensajes comenzaron a llegar:

«Tony, tus meditaciones me han ayudado a sanar».
«Gracias, he recuperado la esperanza».
«Vuelvo a sentirme conectado».

Así, de un modo orgánico, lo que empezó como algo personal se convirtió en algo mucho más grande: una misión colectiva. Una red de almas recordando juntas. Una comunidad que abrió el corazón y se abrió a sentir. Sin duda se trataba de una prueba más de la vida, de aquella decisión de *sentarme en silencio y mirar hacia dentro*.

Cómo profundizar en tu práctica meditativa

- ¿Qué emoción elegirías si supieras que de ella depende tu realidad?
- ¿Cómo cambiaría tu vida si cada amanecer lo comenzaras con una intención tan poderosa que transformara por completo tu realidad?
- Si tu energía fuera un imán que moldea tu presente, ¿qué frecuencia decides emitir hoy para atraer lo extraordinario?
- ¿Qué pasaría si, en lugar de buscar fuera, empezaras a explorar el universo dentro de ti?

Hábito n.º 12: el poder de una intención clara

Meditar no consiste en quedarse en blanco ni en luchar con los pensamientos. Esos son solo mitos. Meditar es un acto de creación: un encuentro con tu frecuencia esencial. Es recordar que somos energía, y que esa energía tiene el poder de moldear la realidad desde dentro. Cuando comencé, lo hice con una intención muy simple: quería sentir PASIÓN en mi vida. Si la física cuántica dice que habitamos un campo de infinitas posibilidades, traer un poco de pasión no parecía demasiado para el universo. Así que cada mañana, me sentaba y proyectaba desde mi glándula pineal una intención clara, una «P» como símbolo vibracional. No era una letra cualquiera: era una orden energética, una señal coherente enviada al campo. Y luego, la sentía vibrar en mi corazón. Sentía esa pasión. Porque es el corazón —ese gran imán cuántico— el que atrae aquello con lo que resuena. No es el deseo, es la vibración encarnada. Y así, día tras día, repetía el gesto: pensamiento enfocado, emoción alineada, intención sostenida. No lo supliqué. No lo forzaba. Simplemente me convertía en la frecuencia de lo que quería experimentar. Más adelante compartiré contigo lo que llamo la fórmula que crea milagros. Pero basta con comprender una verdad poderosa: cuando entiendes que en el juego de la vida no se trata de perseguir lo que falta, sino de emitir la señal de lo que ya eres, todo empieza a transformarse. ¿Cómo has de practicarlo? Esta práctica no requiere técnica perfecta. Solo presencia, intención y entrega. Lo integrarás en la meditación guiada de este hábito. Pero aquí tienes un mapa de lo que vas a experimentar: Elige tu intención. Que sea clara, coherente y elevada. Algo que no te falte, sino que te pertenezca desde ya. Representa esa intención con un símbolo. El campo no habla tu idioma; responde a energía y vibración. Usa una imagen, una palabra o una letra. Proyéctala desde tu glándula pineal, como si lanzaras una piedra en un lago. Esa señal viaja como una onda por el campo cuántico. Hazla vibrar en tu corazón cargada de emoción, el gran imán electromagnético. Siente como si ya estuviera ocurriendo. Permanece en la certeza, sin apego. No pidas. No controles. El campo responde cuando no hay interferencia. Entrégate. Ríndete a la posibilidad de que esa inteligencia te sorprenda, cuando sea el momento perfecto. Hoy, al mirar atrás, veo con claridad que todo empezó con una decisión. No fue algo grandioso. Solo fueron unos minutos conmigo mismo, una intención clara y el acto de rendirme a algo más grande. Y entonces, la vida respondió. Porque la vida no es algo que te sucede. La vida se crea.

Y una vida extraordinaria se sostiene con una intención de tu verdad más autentica.

La vida extraordinaria que siempre estuvo ahí

Hoy, al mirar atrás, veo con claridad que todo comenzó con una simple decisión. Me concedí unos minutos para sentarme conmigo mismo y luego lancé una intención al universo. Ese fue el verdadero punto de inflexión. Porque la vida no es algo que simplemente nos sucede; la vida la creamos con cada pensamiento, con cada emoción y con cada vibración. Ahora lo sé con absoluta certeza: una vida extraordinaria no se encuentra, se crea.

Así que, dime: ¿estás dispuesto a abrir esa puerta hacia la transformación que siempre ha estado ahí, esperándote y que va a llevarte a lo que veremos en el siguiente capítulo, una vida extraordinaria?

13

Vida extraordinaria

¿Qué es una vida extraordinaria?

Cada vez que me invitan a un pódcast o a una entrevista, hay una pregunta que siempre aparece: «Tony, ¿qué significa para ti vivir una vida extraordinaria?». Muchos esperan que hable de logros, dinero, reconocimiento o hazañas épicas. Pero mi respuesta suele pillarlos por sorpresa: «Una vida extraordinaria no depende de lo que tienes ni de lo que logras, sino de quién eres. Es estar enamorado de tu vida, así de simple y así de profundo».

Durante años nos han hecho creer que vivir de forma extraordinaria se trata de acumular, de llegar más alto, de no parar nunca: hacer, hacer y hacer. Nos vendieron la idea de que, solo luchando, sacrificándonos y corriendo detrás del éxito, podríamos alcanzar algo valioso. Pero con el tiempo entendí que consistía en otra cosa. Una vida extraordinaria no se mide por los títulos ni por la cuenta bancaria, sino por la autenticidad con la que vives cada día. Por esa alineación íntima con la vida en sí. Supone despertarte con ganas, vibrar con lo que haces, disfrutar de las personas que te rodean. Significa encontrar sentido incluso en lo más simple, así como reconocer que tu existencia tiene un propósito, que no estás aquí por casualidad. Es abrazar la libertad en todas sus formas escuchando tu intuición y seguir la voz de tu alma. Es amar tu vida como quien juega a ser creador de su propio universo. **El gran problema es que nos han condicionado a pensar que la felicidad siempre está un paso más adelante, en el próximo logro, en la próxima meta, en el «cuando tenga» o «cuando logre».** Pero eso no es así en absoluto, una vida extraordinaria se juega en el ahora y no tiene que ver con lo que consigues, sino con cómo eliges vivir cada instante del presente. La vida no es otra cosa que una suma de decisiones, no lo olvides.

Es por ello por lo que, en este punto, quiero invitarte a mirar esto desde otro lugar. El mundo no necesita más personas viviendo con miedo, apagadas y atrapadas en un guion que ni siquiera escribieron. Lo que el mundo necesita son almas despiertas que se atrevan a ser ellas mismas y a vivir desde su verdad. Y tú, sí, tú, eres una de esas almas.

Despierta, el mundo te quiere dormido

Todos lo hemos vivido en nuestras propias carnes. Desde pequeños nos enseñaron a encajar, a obedecer, a seguir caminos trazados por otros. Nos educaron para ser normales, no extraordinarios: «Consigue un buen trabajo», «Asegura tu futuro», «No sueñes tanto», «Sé realista». De este modo nos hemos ido alejando de lo que realmente somos, creando capas de expectativas ajenas y de personajes socialmente aceptados. Pero ¿qué pasa cuando sigues todas esas reglas y aun así sientes que algo no encaja? Pues probablemente que tengas la sensación de que tu vida carece de sentido y que te desconectaste de ti mismo.

La verdad es que el sistema no está diseñado para que seas libre. Porque si descubrieras tu verdadero poder, dejarías de necesitarlo, no dependerías de él. No trabajarías en lo que no amas, no gastarías para llenar vacíos, no buscarías aprobación en redes... El sistema necesita que dudes de ti, porque si descubrieras tu verdadero poder, su estructura se derrumbaría. Seríamos indomables. Por eso, una vida extraordinaria comienza el día que decides despertar. El día que dices basta, que dejas de actuar como esperan los demás y empiezas a vivir como tú sientes. Ese día en el que rompes el guion que te escribieron y te animas a crear el tuyo propio. Créeme, el mundo necesita personas así, valientes, dispuestas a desafiar lo aparentemente imposible y a recordar quiénes son en realidad.

Por lo tanto, si quieres una vida extraordinaria, solo hay un camino: vuelve a ti. Recuerda quién eres en lo más profundo de tu ser. Encuentra la coherencia entre lo que piensas, lo que sientes y cómo lo expresas en el mundo. Ten paciencia y coherencia, y verás que lo que sucede después es oro y luz.

El secreto de la autenticidad es tu mayor superpoder

Obviamente, ser auténtico no siempre resulta fácil. En primer lugar, porque vivimos en una sociedad que nos enseña a protegernos, a esconder lo que sentimos por miedo a que no nos entiendan, nos rechacen o incluso por temor a ser juzgados como débiles. Nos hicieron creer que, si brillábamos demasiado, íbamos a incomodar, y que si éramos diferentes nos quedaríamos solos. Desde pequeños arrastramos una profunda necesidad de pertenencia, lo que muchas veces nos lleva a buscar parecernos al entorno en lugar de abrazar nuestros dones y mostrarnos tal como somos: únicos e inigualables. Sin embargo, **en esa singularidad reside nuestra verdadera fuerza: tu autenticidad es el imán de la abundancia. Es tu poder y tu mayor tesoro.** En segundo lugar, porque **para ser auténtico, antes que nada, hay que saber quiénes somos en el fondo de nuestro ser, y eso requiere de una introspección, una honestidad y una vulnerabilidad enormes.** Y está bien que así sea, pues en el fondo son valores preciosos.

Cuando eres tú mismo de verdad, sin disfraces ni filtros, el universo conspira a tu favor: las puertas adecuadas se abren. Las personas adecuadas llegan. La vida te sorprende con sincronías que parecen milagros. ¿Por qué sucede esto? Porque cuando eres auténtico vibras en armonía con tu verdad. El universo no responde a lo que finges ser, sino a lo que realmente eres. Si te esfuerzas en ser alguien que no eres, recibirás una vida vacía y desconectada de tu esencia. Si vives desde el miedo, atraerás más miedo. Pero si te atreves a vivir desde el alma, te conviertes en un imán para todo lo que necesitas. En esa coherencia con tu esencia reside la magia de una existencia plena. Comienzas a vivir con propósito y a sentir alegría; a atraer abundancia con un esfuerzo que es mucho menor a los resultados que obtienes. Y ahí, justo ahí, es donde empieza una vida extraordinaria.

El método Espigares: el despertar hacia una vida extraordinaria

Cuando intento expresar la magnitud del poder que tiene el cultivo de una conexión profunda con uno mismo y con la vida, no puedo evitar que aparezcan en mi mente innumerables experiencias. Algunas las he vivido en mi propia piel; otras, las he observado como testigo de transformaciones que han dejado una huella imborrable, como la historia de Jenny, que te cuento a continuación.

Jenny, una joven venezolana y madre de una niña pequeña, se sentía atrapada en una profunda tristeza, sin encontrar la manera de liberar una emoción que parecía haberse adueñado de su propia vida. En su búsqueda desesperada de ayuda, los médicos le diagnosticaron depresión crónica, pero los fármacos no bastaban para aliviar el verdadero origen de su dolor: un cuerpo desconectado de su alma y propósito. No solo luchaba por aquel peso emocional que nacía desde lo más hondo de su inconsciente, sino también con los efectos de una medicación que, lejos de ayudarla a sanar, silenciaba aún más ese cuerpo que pedía auxilio. Y, además, la falta de recursos económicos sumaba mayor lucha contra la vida. En medio de toda esa vorágine emocional, ella escuchó a su corazón; en lo más profundo de su ser, algo clamaba por un cambio. No sabía cómo ni por dónde empezar, simplemente se abrió a observar lo que la vida le daba como posibilidad de mejora desde su interior. Entonces nos encontramos en el mismo camino de despertar.

Desde mis inicios, Jenny comenzó a meditar conmigo, explorando juntos lo que hoy conocemos como «método Espigares», en aquel momento recién horneado. Recuerdo claramente su primer mensaje, una explosión de dudas y miedo, y también de una pequeña chispa de esperanza. Su mente era su mayor enemigo, un torrente de pensamientos negativos que atacaban su autoestima y su fuerza vital en una constante lucha con esa voz, que estaba destruyéndola. Jenny nunca se rindió. Su entereza me parecía encomiable. Cada mañana se sentaba a meditar, aunque su cabeza gritara y pataleara para llamar su atención. Por la noche, aun cuando el peso de la jornada intentara arrastrarla al abismo, cerraba los ojos y conectaba con mi voz, a través del canal de YouTube, con la fuente de amor universal y con la posibilidad de sanar, que cada vez se hacía más real en su cuerpo. Día tras día, práctica tras práctica, **algo dentro de ella comenzó a florecer.**

Hoy, años después, soy testigo de lo que llamamos coloquialmente «milagro» y que en realidad es el poder de la intención clara alineada desde el corazón, la mente y, en este caso, la energía de un colectivo que amplifica el compromiso y el amor de las almas que se expresan a través de la meditación. Jenny no solo reseteó sus creencias y sanó sus heridas emocionales, **creó su propia vida extraordinaria.** Puso en marcha su propia pastelería presencial y online, un proyecto que brillaba como una estrella cuando pensaba en cómo aportar al mundo y vivir en propósito. Ella, por una vez en la vida, experimentaba cómo la vida la escuchaba y le facilitaba el camino en resonancia a su pasión y perseverancia de vivir con amor. Su aura de luz irradiaba tanto entusiasmo que todo a su alrededor se iba alineando en la misma frecuencia; incluso su esposo, que al principio miraba todo con escepticismo, comenzó a meditar junto a ella. ¡¿Puedes imaginarte qué momento tan bonito?! En su poder de transformación, algo que siempre destaca por encima de todo es que confía en ella misma y en la vida más que nunca.

Este es el verdadero poder del método Espigares:
No es solo meditación.
No es solo conocimiento.
Es una transformación completa que nace del corazón,
que se expande a cada área de tu vida.

El método se construye sobre pilares fundamentales que recorren cada página de este libro y que voy a tratar de resumir:

- Romper con las creencias que nos limitan y nos impiden expresar todo nuestro potencial.
- Dejar morir las versiones de nosotros mismos que ya no nos sirven.
- Renacer desde la coherencia y la autenticidad, al tiempo que abrazamos nuestra esencia más genuina.

- Florecer en una nueva identidad libre de condicionamientos y ataduras del pasado.
- Y, sobre todo, vivir en comunidad, sabiendo que, aunque estemos separados por miles de kilómetros, el campo cuántico nos conecta más allá del tiempo y del espacio.

Cada mañana y cada noche, cuando te sumerges en la práctica, no lo haces solo. Te unes a una corriente de vida, a cientos, incluso miles de corazones latiendo al mismo ritmo, vibrando en la misma frecuencia. Esa conexión potencia tu transformación y acelera tu manifestación.

No hay distancia capaz de frenar la energía del amor, la intención pura y la voluntad genuina de evolucionar. El conocimiento por sí mismo apenas cambia las cosas. Es la práctica consciente y sostenida la que tiene el poder de transformar destinos enteros. Jenny es la prueba viviente y, como ella, miles más están despertando su vida extraordinaria. Ahora, querido lector, la pregunta es:

¿Estás dispuesto a dejar morir tus limitaciones para dar vida a tu verdadera grandeza?

El viaje continúa. La transformación ya está en marcha. Y lo mejor de todo es que nunca estás solo.

La pregunta entre las preguntas: ¿qué te impide vivir una vida extraordinaria?

Si hoy no estás viviendo la vida que realmente deseas, hay una razón profunda detrás: algo dentro de ti sigue creyendo que no la mereces. Sé que puede sonar rotundo o duro de leer, pero de verdad que es la razón más común que se esconde tras el hecho de no haber dado el salto hacia tu mejor versión. Así que ha llegado el momento de hacer una pausa honesta y mirar hacia dentro:

- ¿Qué historias te contaron sobre lo que podías o no podías lograr?
- ¿Qué creencias heredaste y sigues cargando, aun cuando ya no tengan sentido?
- ¿Qué miedo te mantiene atado a una vida que no sientes como tuya?

Una vida extraordinaria no aparece por arte de magia, ni por golpes de suerte. Empieza con una decisión poderosa: soltar el miedo, dejar atrás las mentiras que te frenan y darte prioridad. El coraje para salir de tu zona de confort es lo que enciende el motor del cambio. Como dice Álex Rovira, «El coraje nos mueve porque creemos que aquello que queremos crear, cambiar o construir tiene sentido». **Elegir construir tu propia vida no es un acto puntual ni casual, ni tampoco un camino fácil.** Se trata de un proceso continuo, lleno de subidas y bajadas, como el vaivén del mar. Habrá días en los que te sentirás en la cima, y otros en los que el agua te cubra hasta el cuello. Pero en ese movimiento, en esa danza entre avance y resistencia, descubres quién eres de verdad: un ser en evolución constante, lleno de posibilidades. **Comprométete contigo mismo, lo que significa abrazar cada nueva versión que nace dentro de ti, vivirte con honestidad, explorarte sin miedos y permitirte ser, sin condiciones. Y esto compensa con creces cualquier adversidad durante el proceso.**

El equilibrio entre mente y alma, la clave de la expansión

Hasta ahora he descrito una serie de pautas o claves que nos ayudan a alcanzar y a vivir una vida extraordinaria. Insisto en que no basta con soñarla o planearla desde la cabeza, hay que sentirla. La mente juega un papel importante, pero su perspectiva es limitada, porque solo comprende lo inmediato, lo lógico, lo tangible. El alma, en cambio, ve desde arriba, lo percibe todo.

Hagamos una breve pausa. Imagina que estás en el fondo de un valle, ves lo que tienes justo delante, pero apenas te alcanza la vista para vislumbrar más allá. Ahora imagina que subes una montaña. Desde esa altura, el panorama se despliega en su totalidad. Pues bien, la mente es el valle y el alma es la cima. Si te dejas guiar únicamente por la mente, vivirás desde el miedo, desde la lógica de la supervivencia. Pero cuando aprendes a escuchar tu alma, a confiar en esa voz interior que no grita pero que sabe, tu vida comienza a expandirse de formas que la mente nunca podría prever ni planificar. Uno de los errores más comunes en el camino espiritual consiste en creer que la mente es el enemigo, y no lo es. No se trata de apagarla; más bien es cuestión de enseñarle a que se relaje, a que no es quien dirige el timón, y animarla a que siga el ritmo del alma. La mente organiza, estructura, resuelve. El alma guía, siente, da sentido. Cuando logras que trabajen juntas, nace algo poderoso: la coherencia.

Lo extraordinario que habita en ti: es el momento de crear tu propia vida extraordinaria

- Si hoy fuera tu último día, ¿vivirías de modo distinto?
- ¿Qué historias te has estado contando que te impiden brillar?
- ¿Qué sería lo más extraordinario que podrías hacer con tu vida?
- ¿Cuál es el próximo paso, aunque sea pequeño, que puedes dar hoy para acercarte a tu verdad?

Hábito n.º 13: enciende tu luz y sostente hacia delante

Te propongo un reto sencillo, pero profundo: escribe la versión más auténtica de ti. Tómate unos segundos (o minutos) para sentir la respuesta, es decir, para que no sea la mente quien se adelante y te haga creer que sabes la respuesta. Siente las preguntas y así sabrás las respuestas.

- ¿Cómo te imaginas viviendo sin miedo?
- ¿Qué harías si supieras que no puedes fallar?
- ¿Cómo sería tu vida extraordinaria?

Y después... empieza a vivir desde ahí. No necesitas esperar el momento perfecto, ni tener todas las respuestas claras. Basta con dar un paso, luego otro y otro. El camino se irá creando a tu ritmo. Es importante también que te rodees de personas que te eleven, que enciendan tu fuego. En paralelo, tendrás que soltar los vínculos que te apagan. Te aseguro que puedes encontrar conexión con quienes, como tu nuevo yo, vibran en amor y expansión. Porque una vida extraordinaria no es algo que encuentras, es algo que creas cada día, decisión a decisión. No te equivoques pensando que todo vaya a ser perfecto. **La base que cimienta todo esto es que, pase lo que pase, sabrás que estás viviendo desde tu verdad; y esa coherencia es la mejor almohada que puedes tener cada noche al acostarte.**

Así que no te escondas.

No te contengas ni esperes más.

Este es tu momento para brillar.

Y al hacerlo, iluminarás también el camino de otros.

MEDITACIÓN 7

La llave a una vida extraordinaria

14

Viviendo tu yo futuro

Prepárate porque aquí viene lo interesante, ya que voy a hablarte de mi futuro. No lo interpretes como un acto de arrogancia ni como una profecía escrita en piedra. Se trata del futuro que tengo la intención de vivir, el que sueño y que hace que me despierte cada mañana con cosquilleos en el pecho. Porque déjame decirte que, aunque muchos insistan en la importancia de vivir en el ahora —y es cierto que el presente es el momento creador—, existe algo aún más poderoso: **vivir desde el futuro que deseas crear.**

El arte de crear tu futuro

Siempre me ha fascinado el hecho de que algunas personas parecen tener un imán para atraer lo que desean, como si hubieran descifrado los secretos mejor guardados de la abundancia. Y no es que sean más inteligentes, ni que tengan más recursos. Esas ideas formaban parte del Tony reduccionista. Ahora sé que es su manera de vivir, que sintoniza de manera instintiva con la frecuencia de aquello que anhelan experimentar. Ese es, para mí, el verdadero arte de crear tu futuro. Sin embargo, **la mayoría de la gente vive en una rutina disfrazada de comodidad y es la inercia la que toma casi todas sus pequeñas y no tan pequeñas decisiones.** En realidad, están en piloto automático, repiten lo mismo los 365 días del año. Día tras día las mismas acciones, emociones y pensamientos, y, aun con esa base, se preguntan por qué su realidad no cambia. Viven anclados en un pasado que ya les ofreció un resultado conocido y limitado, y se conforman (normalmente por miedo o inconsciencia) con revivir, una y otra vez, ese presente que nunca cambia. El resultado es que se despiertan con las mismas preocupaciones, mantienen las mismas conversaciones, arrastran los mismos miedos... Así, sin saberlo, siguen manifestando el mismo presente de siempre.

Pero algo extraordinario sucede cuando eliges conscientemente vivir como si tu futuro ya estuviera ocurriendo: proyectándote hacia el futuro. Es entonces cuando la vida te responde con sus mágicas sincronías, oportunidades inesperadas y eso que muchos llaman «milagros».

Mi futuro ya está creado

Vuelve a leer el título de este apartado, por favor. No se trata de un juego de palabras, sino de una certeza profunda: el futuro ya existe en forma de energía, y nosotros lo sintonizamos con nuestra vibración presente. La metafísica lo plantea así: el tiempo no es lineal, como una cadena de sucesos separados, sino simultáneo. Lo que percibimos como «futuro» ya está ocurriendo en otro nivel de consciencia, y al vibrar en esa frecuencia, lo atraemos a nuestro ahora. Cada mañana, en los primeros instantes al despertar, cuando mi mente aún no ha sido invadida por estímulos externos, me conecto con esa versión futura de mí. No desde el deseo, sino desde la certeza de que ya es real. Es un gesto sencillo pero poderoso: recordar, visualizar y sentir cómo es vivirlo ahora. Porque, si puedo sentirlo, puedo crearlo.

Mi futuro es claro:

- Voy a ser el primer español en conseguir un récord Guinness por reunir al mayor número de personas meditando en una misma localización.
- Cada año viajaré por el mundo para compartir enseñanzas de conexión con lo divino, ayudar a sanar y transformar vidas. Me imagino en salas repletas de personas con ganas de dar un salto evolutivo, moviendo la energía, trascendiendo límites y expandiendo su consciencia.
- Mientras tanto, viviré en la casa de mis sueños en Málaga, frente al mar, rodeado de mi familia, en plenitud como bandera. Viviré lo que hace muchos años soñaba que sería mi futuro. Porque si no me doy a mí mismo mientras doy a los demás, ¿para qué jugar este juego de la vida?

No lo veo como una posibilidad, lo siento como una certeza. No es un deseo, es una realidad en proceso.

Vibrando en presente la plenitud del futuro soñado

Si ahondamos en esta idea, no resulta nada inusual que muchos intenten crear desde un estado de necesidad. Nuestro organismo tiene alarmas que saltan cuando practicamos la queja. Y una de las consecuencias es intentar pedir cosas que solucionen esa queja. ¿Te suenan familiares algunas de estas frases? «Quiero más dinero porque no tengo suficiente», «Quiero una pareja porque me siento solo», «Quiero cambiar de vida porque no estoy satisfecho con la que tengo». Pero desear desde la escasez, enfocándote en lo que te falta en lugar de en la abundancia de poseerlo, solo genera más escasez. Como respuesta, la vida —que siempre opera en armonía con la energía que proyectamos— devuelve situaciones que amplifican esa misma carencia y necesidad. El verdadero secreto está en enamorarse de un futuro, aunque aún no haya ocurrido, hasta el punto en que tu cuerpo, tu mente y tu energía lo sientan, lo vivan y lo experimenten como si ya fuera una realidad tangible.

¿Qué emociones llenarían tu corazón al experimentar esa realidad plena? Cuando comienzas a vibrar desde ese estado, todo empieza a transformarse.

No porque el universo te recompense, sino porque (y esto es importante) tú mismo te conviertes en la persona capaz de construir y sostener esa realidad con coherencia.

La práctica diaria es lo más desafiante, pero también lo más revolucionario, así que repite y siente ese futuro como si ya existiera, sin apego ni necesidad, con la certeza de que eres el creador de tu propia experiencia. Al repetir y mantener ese sentimiento te convertirás en un nuevo ser, y experimentarás una nueva realidad, porque, en esencia, estarás conectado con un destino que tú mismo has diseñado desde lo sutil. Todo se origina en ti, en una tríada maravillosa: tu corazón, tu mente y tu energía. Eres el creador de tu propia historia, y cada día tienes una nueva página en blanco para escribir y dibujar con los colores que iluminen y den vida a tus sueños. ¿Qué historia vas a escribir hoy?

Los argumentos detrás de la creación de tu futuro

El doctor Joe Dispenza ha demostrado que cuando visualizas un futuro deseado y lo sientes con emociones profundas de amor y gratitud, tu cerebro comienza a funcionar como si ya estuvieras viviendo esa realidad. Como él dice: «Tú, como el observador cuántico, estás ordenando a la materia que se amolde a tus intenciones. Visualiza con claridad la imagen de cada manifestación durante varios segundos y luego deja que se vaya al campo cuántico para que una mente superior se ocupe de materializarla».

Neville Goddard llamó a esta práctica el «poder de la asunción»: sentir algo como real antes de verlo manifestado. Para que funcione, se necesita coherencia interna, repetición y compromiso. No basta con pensarlo, hay que habitarlo emocionalmente.

Rumi, con su profunda sabiduría poética, lo expresó así: «Trabaja tanto en lo invisible como en lo visible». Es decir, alinea tu mundo interior con valores como el amor, la compasión y la autenticidad para transformar tu realidad externa y liberarte del sufrimiento.

Si en tu interior sigues aferrado al pasado, ¿cómo esperas que llegue a ti algo nuevo?
Si permites que la sensación de escasez domine tu ser, ¿cómo esperas atraer abundancia?
Si sigues identificándote a través de tus viejas heridas, ¿cómo esperas vivir con libertad?

Cómo crear tu nueva realidad

- Si supieras que todo lo que deseas ya está ocurriendo en otro plano, ¿cómo te sentirías?
- ¿Cómo cambiaría tu día si vivieras desde tu futuro en lugar de tu pasado?
- Si el tiempo no existiera y ya fueras la persona que sueñas ser, ¿qué harías hoy?
- ¿Estás dispuesto a dejar atrás la historia de quien fuiste, para convertirte en quien viniste a ser?

Hábito n.º 14: conviértete hoy en tu yo futuro

No tienes que esperar a que tu futuro llegue. Puedes empezar a vivirlo desde ahora mismo, esa es la idea que trato de inculcarte, querido lector. Así que, cuando te despiertes, antes de abrir los ojos y arrancar la jornada, visualiza y siente tu día ideal. Sumérgete en la emoción de haber logrado aquello que tanto deseas. No lo proyectes hacia un futuro lejano, siéntelo como si ya estuviera ocurriendo en este momento. La imaginación es poderosísima para recrearlo.

Vive la libertad que brinda la prosperidad, la plenitud de una salud perfecta, el amor de una pareja que te admira y valora profundamente, entre otras experiencias que anhelas. Durante el día, actúa desde esa energía con la certeza de que ya eres tu mejor versión. No esperes a que tu realidad cambie para comportarte como la persona que aspiras a ser. Por la noche, antes de dormirte, agradécelo de corazón como si todo lo que deseas ya formara parte de tu vida.

Este hábito no se trata simplemente de un juego mental. Es un ajuste de frecuencia que alinea tu ser con la realidad que deseas y con las infinitas posibilidades presentes en el campo cuántico, pues permite que ellas te encuentren y se manifiesten en tu vida por resonancia. La pregunta crucial recae en ti:

¿Seguirás aferrado al pasado,
o vas a enamorarte
de ese futuro que ya está esperando por ti?

15

Ríndete al creador

Ahora que ya hemos comprobado nuestra inmensa capacidad como creadores, quiero hablarte del creador entre los creadores, el creador supremo. Hay algo que me obsesiona, y pienso que no es una obsesión común. No tiene que ver con el éxito, el reconocimiento o la acumulación de más cosas materiales. Es una pregunta constante, una búsqueda profunda, una necesidad vital: conectar con esa consciencia que lo sostiene todo, con el TODO. Cuanto más lo estudio, cuanto más lo experimento, más claro lo siento: no necesito tomar siete gramos de setas, ni LSD, ni MDMA, ni ayahuasca para llegar a Él. Mi cerebro ya posee todos los químicos necesarios. Mi respiración y mi meditación son los puentes que me llevan hacia esa conexión. Mi cuerpo es la llave, y, cuanto más me rindo, cuanto más dejo atrás la materia, el ego, el personaje, las etiquetas, el tiempo, el género, y simplemente soy, ALGO ocurre.

Cuando todo desaparece y solo queda amor

Las religiones han intentado explicarlo durante siglos. El hinduismo lo llama *samādhi*; el budismo, nirvana, y el cristianismo, Espíritu Santo. Diferentes nombres para una misma experiencia: la disolución del yo. Pero aquí está la clave; no es algo exclusivo para unos pocos elegidos. No necesitas pertenecer a una tradición espiritual, realizar ayunos extremos, vivir en una cueva en el Himalaya o alterar tu consciencia con sustancias externas. Está dentro de ti, siempre ha estado dentro de ti. Y cuando accedes a ese estado, cuando te entregas por completo al creador, desaparece el miedo, se disuelven las dudas, se borra la separación. Solo hay amor, un amor tan profundo que desborda cualquier intento de nombrarlo, tan puro que atraviesa y derriba cualquier lógica o barrera mental. Un amor tan real que hace que todo lo demás parezca una ilusión.

Cuando lo experimentas, se produce un clic eterno, algo en ti cambia para siempre. Físicamente, químicamente, morfológicamente... tu cuerpo cambia, tu energía cambia y tu percepción de la vida se transforma desde la raíz. No porque el mundo sea diferente, sino porque tú ya no eres el mismo. Es como si el amor que albergabas y que por pudor o miedo a sentirte herido mantenías oculto saliese a raudales y se fusionase con el amor universal.

La ciencia de la entrega: cuando te rindes, te transformas

Lo que los místicos han descrito durante siglos, la ciencia lo ha confirmado como verdad. Me voy a limitar a dar tan solo unas pinceladas muy interesantes.

El doctor Andrew Newberg, pionero en el campo de la neuroteología, ha estudiado cómo los estados de meditación profunda transforman la estructura del cerebro. Sus hallazgos revelan que cuando una persona alcanza un estado de entrega total:

- **Se desactiva el lóbulo parietal,** la región cerebral responsable de definir nuestra sensación de individualidad. Por eso sentimos que desaparecemos y nos fundimos con el todo.

- **Se activa el sistema límbico,** liberando una oleada de oxitocina y serotonina. Aparece un estado de éxtasis, de amor y de unión con todo.
- **Se reduce la actividad en la corteza prefrontal,** lo que nos libera de los juicios, del tiempo y de las preocupaciones para hacernos uno con el momento presente.

Los monjes que han dedicado décadas a la meditación describen este estado como «la presencia de Dios». Los científicos llaman «hipercoherencia neuronal». Yo, simplemente, lo llamo hogar. En cualquier caso, es el estado más puro al que podemos acceder. Y lo más hermoso es que no necesitas buscarlo fuera de ti, ya sabes que está dentro; solo hay que rendirse.

La ilusión del control y la libertad de soltar

Vivimos en un mundo que nos enseña a luchar, a controlar y a resistir. Nos aferramos a nuestras ideas, a nuestros miedos, a nuestras identidades como si fueran salvavidas. Pero cuando sueltas, cuando dejas de intentar «hacer» y simplemente «eres», la vida te atraviesa con una fuerza inimaginable. Es como dejar de empeñarte en retener el agua con las manos, y de pronto darte cuenta de que puedes nadar en ella y dejarte llevar por su corriente. Pero ten siempre presente que rendirse no supone debilidad ni resignación, sino que es confianza. Es permitir que esa inteligencia que sostiene el universo también te sostenga a ti.

Que no te extrañe si un día, sin esperarlo, sentado bajo el cielo o caminando en silencio, sientes esa presencia. Esa unidad. Y entiendes que Dios no está en un templo, ni en un libro, ni en un dogma. Dios está en todo: dentro y fuera de ti. Reconoces que tú y Dios no estáis separados, sino que sois lo mismo expresándose de formas únicas y diferentes. Ese día, las lágrimas brotan de tus ojos, cargadas de gratitud. Y nada vuelve a ser igual.

Entrégate a vivir

- ¿Qué aspectos de tu vida estás intentando controlar que, en el fondo, necesitas soltar?
- Si supieras con certeza que todo está orquestado a tu favor, ¿cómo vivirías este día?
- ¿Has sentido alguna vez una conexión profunda sin esfuerzo? ¿Cómo describirías esa sensación?

- Si hoy te rindieras por completo, sin miedo ni expectativas, ¿qué crees que podría suceder?

Hábito n.º 15: el arte de rendirse

Si deseas experimentar esa conexión, no intentes entenderla con la mente. Siéntela. Cada día, regálate unos minutos de entrega. No intentes controlar nada, solo respira. Lleva tu atención al centro de tu pecho y repite mentalmente:

«Me rindo a la consciencia que me sostiene.
Dejo de resistirme y permito
que la vida me guíe.
No necesito hacer nada,
solo ser».

Suelta todas las expectativas y permanece en ese estado. Quizá no sientas nada la primera vez, o tal vez sí. No importa, lo relevante es que con cada práctica estarás acercándote cada vez más a tu verdadera esencia.

El regalo de la entrega

No hay libertad más grande que la de rendirse a lo que es.
No hay amor más profundo que el que florece cuando sueltas.
Y no hay mayor verdad que esta: siempre hemos estado conectados.
Así que dime, ¿estás preparado para dejar de buscar y empezar a recordar?

MEDITACIÓN 8

Crea desde tu yo futuro

16

A tu manera

Recuerdo que desde que tenía apenas once años, casi cada sábado acompañaba a mi padre al mercado. Él, el Tacones, como ya conté, era frutero. Nuestra frutería tenía unos escasos doce metros cuadrados, pero en ese pequeño espacio se tejían historias, trabajo y vida. Mi padre, como siempre, hacía las cosas a su manera.

Mi padre, mi ancla

Para mí, el hecho de levantarme a las 4.30 de la mañana era un sacrificio absoluto. Lo recuerdo como si fuera hoy: él llegaba hasta mi cama, tocaba suavemente mi pierna y, con cariño, me decía: «Vamos, chico». Yo, el menor de cuatro hermanos, siempre fui «el chico» para él. Aún medio dormido, con la cara lavada a desgana con agua fría, me subía a la furgoneta y partíamos juntos hacia el Mercagranada. En el trayecto, luchaba contra el sueño, grogui, semidormido, mientras el frío de la madrugada se colaba en mis huesos. A veces, mientras esperábamos dentro de la furgoneta, mi padre improvisaba una cama con cartones y me cubría con un abrigo viejo para resguardarme del frío granadino.

Mi padre tenía una manera muy peculiar de llamarme mediante un silbido. No importaba en qué rincón del mercado me encontrara, entre los pasillos repletos de frutas y voces, entre las torres de cajas que se amontonaban en las calles improvisadas del mercado, su silbido atravesaba todo. Y yo, en cuanto lo escuchaba, levantaba la cabeza, agarraba el carrito y salía en busca de lo que me había encargado: naranjas, lechugas, peras, limones... Pero aquel silbido no era tan solo una llamada: era un ancla. Un hilo invisible que me recordaba que había algo que hacer, alguien en quien confiar, un lugar al que pertenecer. Incluso cuando el sueño me vencía, cuando me acurrucaba en mi pequeño refugio de cartón y abrigo, bastaba un segundo silbido para encontrarme, para recordar dónde estaba, para volver a él.

Mi padre llevó siempre su negocio a su forma, llevó

su vida a su manera. Y en ese gesto sencillo, en esa fidelidad a su propio modo de vivir, me dejó una de las enseñanzas más profundas de mi vida. Gracias, papá, por hacer las cosas a tu modo. Aprovecho estas líneas para decirte que estoy orgulloso de ti y que te amo. Gracias por ser el mejor padre que hubiera podido tener.

On your way

Desde niños, nos vemos atrapados y movidos por un huracán de rutinas estrictas: producir, crear, acumular, avanzar. Libros, cursos, manuales, reglas invisibles... Todo parece diseñado para que sigamos un camino preestablecido, como si solo existiera una única forma correcta de vivir y alcanzar el éxito. Un éxito basado en la lucha, no en la flexibilidad ni en el fluir.

¿Recuerdas que, unos capítulos atrás, te hablé de que siempre hay otro camino? Pues bien, además, toda mi vida he creído —y cada vez lo siento con más fuerza— que **no existe un único camino para lograr algo, sino que en verdad hay tantos como personas.** Que cada cual tiene su propio compás, su manera única de crear, de aportar y de vivir. Cuando actuamos **desde el disfrute, la pasión, la ilusión,** cuando nos dejamos llevar por esa energía que nos entusiasma, todo fluye de manera natural. El esfuerzo se transforma en juego, y el sacrificio, en danza.

Sin embargo, en el momento en que aparece la palabra «obligación» o «necesidad», todo cambia. La vibración se distorsiona, el corazón se cierra un poco y lo que antes era un regalo comienza a sentirse como una carga. Por eso, este capítulo no pretende ser una instrucción, ni una hoja de ruta paso a paso. Este capítulo es una invitación a recordar que **tienes permiso para hacerlo a tu manera.** Que esta es válida, auténtica y suficiente. No necesitas seguir un modelo preestablecido si ese modelo apaga tu luz. No necesitas cumplir expectativas ajenas que no resuenan en tu alma. No necesitas ganarte el derecho a ser tú. El mundo precisa menos caminos marcados y más almas encendidas, más personas viviendo en su propio tiempo, con sus propias reglas, conectadas a su verdad más profunda. Porque cuando creas, vives y construyes a tu manera, desde tu esencia, te conviertes en un faro. Y tu luz, aunque no sigas los caminos de siempre, puede iluminar más vidas de las que imaginas. Es parte de la expresión del binomio coherencia y autenticidad.

Los ciclos humanos y el arte de respetarlos

Seguro que te suena el dicho de que «Al que madruga, Dios le ayuda», ¿verdad? A mí me hace pensar que lo que hay detrás es la creencia de que todos los seres humanos estamos diseñados para funcionar de la misma manera. Pero oye, que se lo digan a mi madre, que jura que su día no empieza realmente hasta las nueve de la mañana. Y no por pereza, sino porque es cuando su energía empieza a funcionar. Sin embargo, hoy la ciencia nos confirma lo que muchos ya intuíamos: **cada persona tiene ciclos biológicos únicos,** conocidos como **ritmos circadianos.** Estos ritmos, regulados por nuestro cerebro —específicamente por el núcleo supraquiasmático del hipotálamo—, influyen en el sueño, la vigilia, los niveles de energía e incluso la creatividad, en función de la luz natural y nuestros propios patrones internos.

Algunas personas son más productivas y creativas por la mañana, mientras que otras alcanzan su máximo rendimiento entrada la tarde o incluso de noche. Ese era yo. Aunque con los años me he vuelto más madrugador, siempre he sabido que la productividad no depende de un único horario. Obligarnos a seguir un ritmo que no es el nuestro es como pedirle a un pájaro nocturno que cante al amanecer: puede hacerlo, sí, pero su canto no tendrá la misma fuerza ni el mismo brillo. La verdadera clave está en conocerse, en descubrir cuándo nuestro cuerpo y nuestra mente fluyen con mayor armonía y facilidad. Y, desde ese conocimiento, honrar el propio ritmo natural y tratar de compatibilizarlo con nuestro día a día.

Escucha la música de tu corazón

- ¿Cuáles son los momentos del día en los que mi energía fluye con mayor facilidad?
- ¿Estoy forzando mi vida para encajar en un modelo que no resuena conmigo?
- ¿Cuántas de las actividades que realizo son por un deber autoimpuesto y no porque me llenan de ilusión?
- ¿Qué me está pidiendo mi cuerpo y mi mente que quizá no estoy escuchando?
- ¿Qué pequeños cambios puedo hacer para vivir más desde el placer y la autenticidad?

Hábito n.º 16: diseña tu propio ritmo

Este hábito es más importante de lo que pueda parecer, así que tómalo con calma e ilusión. Durante los próximos siete días, observa en qué momentos del día sientes más energía, creatividad o motivación. No lo juzgues ni analices, simplemente regístralo (y si puede ser por escrito, mucho mejor). Después, trata de ajustar al menos una actividad importante a tu mejor franja de energía:

- ¿Te inspiras más por la noche? Haz de ese momento tu espacio para crear.
- ¿Te sientes con más fuerza a media mañana? Dedica esas horas para concentrarte en tus tareas más exigentes.

Escúchate. Respétate. Ámate en tu propio compás. No hay un único camino correcto. Solo hay una manera correcta, la tuya.

17

Florecer

El camino de las sombras hasta florecer

Florecer no es llegar a ningún destino. Florecer significa recordar quién eres en lo más profundo y permitir que la esencia que ya habita en ti se abra paso hacia la luz. No se trata de convertirte en una mejor versión de ti mismo, como si algo en ti estuviera incompleto. No estás roto. No necesitas pulirte, corregirte o superarte. Lo único que necesitas es **soltar las capas que te alejan de tu autenticidad** y, simplemente, ser. Pero florecer duele. Antes de que una flor se abra, hay una semilla que ha pasado por momentos de oscuridad, humedad y espera. Ha tenido que romperse por dentro para brotar. Nosotros vivimos algo parecido: florecer no es cómodo, ni rápido, ni lineal. Como las mariposas, primero fuimos orugas, nos arrastramos por la tierra, sentimos el peso de no tener alas. Luego vino el capullo: el encierro, la transformación silenciosa. Y en ese aparente vacío, algo nuevo comenzó a gestarse. Florecer conlleva aceptar esa incomodidad, no huir del dolor sino abrazarlo, escucharlo, honrarlo. Porque solo lo que se atraviesa se transforma. También es entregarse. Como los árboles, que extienden sus raíces en la profundidad para sostener su copa hacia el cielo. No se obligan a florecer, simplemente confían en su esencia y en los ciclos de la vida.

En mi propio camino, pasé por crisis, por caídas, por momentos en los que no entendía hacia dónde iba. Hasta que comprendí que no vine a este mundo a encajar, sino a entregar lo que soy. Cada palabra que comparto, cada meditación que grabo es mi forma de poner mi voz al servicio de algo más grande. En ese acto de dar, en esa conexión con lo sagrado que nos une a todos, empecé a florecer. Muchas personas que han vivido experiencias cercanas a la muerte lo describen de una forma similar: hablan de una conexión absoluta con el amor más puro, sin juicio, sin separación, sin miedo. Luego, al regresar a la vida, sienten el contraste de la división, del ruido, de la lucha. Pero, tranquilo, que ese amor no es exclusivo de aquellos que han tocado el umbral de la muerte. Está aquí, ahora, dentro de ti. Florecer es recordar esa conexión y vivir desde ahí. No es cuestión de voluntad, sino de rendición, de permitir y de confiar.

El arte de cultivar lo que ya eres

Florecer no es solo un instante de claridad, un destello de iluminación repentina. Para **florecer, hay que cultivar.** El pensamiento, la emoción, la manera en la que reaccionamos... Cultivar la gratitud, la inspiración, la compasión. Elegir con qué palabras hablamos y nos hablamos, qué energía nos rodea, con qué nutrimos nuestra alma.

He aprendido que cuando me rodeo de personas más grandes que yo —pero no grandes en ego, sino en consciencia, humildad y entrega— **mi propia semilla se expande.** Lo que nace y emerge de mí se alinea con una inteligencia más consciente y profunda, una fuente que me recuerda que **no florezco solo por mí sino para dar fruto al mundo.** Ahora bien, no siempre viví desde este lugar. Hubo momentos en los que pensé que florecer era tener más. Más dinero, más éxito, más reconocimiento, más experiencias. Creí que la clave radicaba en alcanzar todo aquello que me vendían como deseable. Mi brújula estaba completamente fuera de mí. Era como regar una planta de plástico: **todo parecía correcto por fuera, pero por dentro no había vida.**

Sin embargo, justo en esa aparente plenitud externa de haber hecho *check* en muchos aspectos que socialmente se toman como óptimos, llegaron las sombras. Y con ellas, el vacío, la frustración, la desconexión. Esa sensación de que todo parece estar en su sitio menos tú. Fue entonces cuando comencé a mirar hacia dentro y descubrí algo que lo cambió todo: **mi valor no depende de lo que hago, ni de lo que logro; es, más bien, algo intrínseco.** No necesito tanto para ser, es más, no necesito aprobación, ni títulos, ni palmaditas en la espalda. Lo único que necesito es **conectar con lo que ya soy, cultivarlo con amor y consciencia,** y **ponerlo al servicio de la vida.** Porque cuando alguien florece de verdad no necesita gritarlo. **Su aroma llega a quienes están listos para olerlo.** Y quienes vibran en esa misma frecuencia, lo honran, lo reciben, lo expanden.

La ciencia sutil del florecer: la belleza como señal de coherencia

Florecer, desde una perspectiva más profunda, también puede entenderse como **la expresión de la coherencia interna a través de la belleza y la armonía.** En el campo de la biología evolutiva, se ha demostrado que los sistemas vivos tienden a la organización armónica. Cuando una célula, un órgano o un ser humano están en equilibrio, su estructura se vuelve más simétrica, más ordenada, más bella. Los científicos lo llaman «homeostasis dinámica», un estado en el que el organismo está vivo, adaptable, pero alineado con su propia naturaleza. Este principio no se limita al cuerpo físico, también ocurre a nivel emocional y espiritual. Cuando lo que pensamos, sentimos y hacemos está en sintonía, nuestra presencia se vuelve naturalmente atractiva, magnética, incluso sin que hagamos esfuerzo alguno. No es cuestión de carisma aprendido, sino de vibración ordenada.

Florecer es cuando tu campo energético encuentra su forma más pura y hermosa de expresarse. En física, este proceso se conoce como entropía negativa: en lugar de que un sistema caiga en el desorden, se vuelve más complejo, más sutil, más armonioso. Por eso hay personas que, sin necesidad de hablar, irradian algo que no se puede explicar, pero se puede sentir. No es lo que hacen, sino cómo lo hacen. No es lo que dicen, sino desde dónde lo dicen.

Florecer, para la ciencia del alma, consiste en permitir que nuestra biología, nuestra energía y nuestra consciencia se sintonicen de tal manera que la belleza surja como una consecuencia natural e inevitable.

Es tu momento para florecer

- ¿Qué parte de mí está lista para florecer, aunque aún me dé miedo mostrarla?
- ¿Estoy siendo fiel a mi ritmo interior o estoy forzando mi proceso para encajar?
- ¿Qué emociones o entornos me generan más armonía y belleza interna?
- ¿Dónde hay incoherencia sutil en mi vida —entre lo que digo, siento o hago— que está bloqueando mi florecimiento?
- ¿Y si florecer no fuera un objetivo, sino una consecuencia de estar en paz conmigo mismo?

Hábito n.º 17: cultiva lo bello, aunque nadie lo vea

Cada día, durante una semana, elige hacer una acción sencilla y bella, **solo por el placer de hacerlo bien.** A continuación, te doy algunas ideas, pero haz tuya la propuesta.

- Servir un té con atención.
- Escribir unas líneas con cariño, cuidando cada palabra.
- Acomodar tu espacio con intención, no por obligación, sino por amor.
- Elegir una palabra más amable en una conversación.
- Tomar aire antes de responder.

Hazlo como si fuera un acto sagrado, aunque nadie lo note. No para demostrar nada, sino para **recordarte quién eres** cuando estás en coherencia contigo mismo. Porque florecer no es exhibirse. Es permitir que tu verdad se vuelva visible en lo sutil, en los pequeños gestos, en lo cotidiano.

MEDITACIÓN 9

Trascender

18

Certeza e intención: la alquimia invisible que transforma tu realidad

¿Y si todo lo que estás buscando ya estuviera aquí, justo frente a ti, pero no lo ves porque dudas? ¿Y si no se trata de hacer más, sino de *sentir* de manera diferente? Durante mucho tiempo viví deseando cosas que no llegaban. Meditaba, visualizaba, hacía afirmaciones, leía libros y repetía que confiaba... pero, en el fondo, dudaba. Dudaba de mí, de la vida, del universo. Me aferraba a los resultados, quería controlar los tiempos, como quien intenta forzar la flor a abrirse antes de que llegue la primavera.

No entendía que la creación no responde a lo que dices ni a lo que haces... responde a lo que *eres*. La diferencia entre desear algo y vivirlo radica en dos fuerzas sutiles, pero inmensamente poderosas: **la certeza** y **la intención.**

- La intención es la brújula del alma. Ese susurro interior que, sin gritar, señala el norte verdadero y dice con suavidad, pero con firmeza: «Es por aquí».
- La certeza es el fuego invisible que le comunica al universo: «Ya está hecho, gracias». Es la fe que no necesita pruebas, porque ya vibra en la frecuencia de lo que aún no se ve, pero ya es.

Cuando ambas se encuentran —cuando la intención clara se abraza con la certeza profunda—, ocurre algo que muchos llaman milagro, pero que yo llamo ORIGEN: el lugar donde la consciencia y la creación se funden. No es esoterismo ni pensamiento mágico. Es ciencia, vibración y pura consciencia. **Hay un momento en el que dejas de pedir y comienzas a atraer.**

Cuando un pensamiento claro se une a una emoción elevada, tu cuerpo comienza a encarnar ese futuro incluso antes de que suceda. Tu biología responde. Tus ondas cerebrales cambian y tu frecuencia vibra en otra dimensión. Estás emitiendo una señal coherente al campo cuántico, una señal que no puede ser ignorada. Yo lo he vivido, lo he sentido bajo la piel. Lo he visto manifestarse en momentos en que no tenía garantías, pero sí una certeza brutal en el pecho. Como cuando decidí soltarlo todo y mudarme, sin haber planeado la subsistencia. Como cuando organicé un retiro sin apenas recursos... y se llenó. Como cuando canalicé una meditación y más de 15.000 personas se unieron, al mismo tiempo, en silencio, sin planificación alguna.

Certeza e intención no son meras teorías. Son vibración. Son camino. Son alquimia viva. Y si estás leyendo esto, es porque hay algo dentro de ti que ya lo sabe. Porque el alma no necesita pruebas, solo permiso para recordar lo que siempre supo.

Certeza, ese lugar que ya conoces

La certeza no es fe ciega. Tampoco es optimismo disfrazado ni autoengaño con aroma a espiritualidad. **La certeza es una frecuencia,** una decisión energética que nace de una coherencia interna tan profunda que no se altera con el ruido externo. Es el instante sagrado en el que dejas de buscar señales fuera y anclas tu visión en el corazón, en ese lugar silencioso donde habita tu verdad. No es pensar que todo va a ir bien. Es *saber que ya está bien,* incluso si aún no puedes tocarlo con las manos. Es la sabiduría del corazón, que intuye antes de que la mente entienda. Para mí, la certeza se percibe como ese momento en el que inhalas hondo, sueltas todo... y, aun así, algo dentro de ti sonríe. No sabes bien por qué, pero confías. No porque tengas todas las respuestas, sino porque por fin te tienes a ti. He sentido certeza en situaciones donde todo apuntaba al colapso. Certeza al organizar un retiro sin saber si alguien vendría. Certeza al decir que sí a un viaje sin mapa, que acabaría cambiando mi vida. Certeza incluso en medio del caos, cuando algo más grande que mi lógica me sostenía desde dentro. Con el tiempo comprendí que la certeza no es un pensamiento que pasa por la mente. Se trata de una decisión vibracional. Es como una línea de código que emites al campo cuántico, y que abre puertas que la razón jamás sabría encontrar.

En física cuántica existe un concepto llamado «colapso de la función de onda». Es el momento en el que, de entre todas las posibilidades, una se convierte en realidad y cuando entra es observada con consciencia. ¿Y si la certeza fuera precisamente eso? Ese momento en el que dejas de dudar, observas con el alma y *la realidad colapsa a tu favor.*

La duda difumina. La certeza enfoca. Y cuando te enfocas, creas. Por eso la certeza no es arrogancia ni control, sino humildad profunda. Es dejar de buscar fuera lo que ya eres y sostenerlo desde dentro, con la certeza de quien recuerda su lugar.

Si hoy no sientes esa certeza, no te juzgues.
Solo detente. Respira y vuelve a ti.
La certeza no se exige, se recuerda.
Porque en el fondo... ya lo sabes.

La intención: la brújula del alma

Sé que ya he abordado antes la cuestión de la intención, pero quiero volver a ello porque es importante y porque pretendo dejar claro que va más allá de ser un pensamiento. Supone más que desear algo con fuerza o repetirlo mil veces. **La intención es una declaración vibracional que lanza el alma cuando el ego se hace a un lado.** Es la dirección que eliges cada vez que te atreves a mirar más allá del miedo. Es un «sí» silencioso a lo que tu corazón ya sabe, aunque tu mente aún no lo comprenda. No necesitas gritar tu intención al universo. Basta con sentirla como un pulso interno que te guía sin empujar. ¿Y sabes cuándo se vuelve verdaderamente poderosa? Cuando no hay apego al resultado. Cuando ya no tratas de controlar el cómo ni el cuándo. Cuando lo haces por verdad interna, no por carencia; en otras palabras, cuando eliges lanzar esa flecha y confías en que el universo ya eligió el blanco perfecto.

Recuerdo uno de mis retiros más transformadores. Antes de comenzar, me tomé unos minutos a solas. Había mucho en juego: expectativas, logística, emociones, personas que habían confiado en mí. Cerré los ojos, me llevé la mano al corazón y lancé una sola intención: «Que lo que suceda aquí transforme de verdad, y, por favor, úsame como canal». No dije cómo. No dije cuánto. Solo solté. Ese retiro fue un éxito, y, por encima, supuso una revelación colectiva.

Hay quienes confunden intención con objetivo. Pero no son lo mismo. **El objetivo pertenece al tiempo, a la mente lineal, al esfuerzo. La intención pertenece al instante presente, es energía direccionada, un acto de voluntad consciente.** Es como pronunciar una palabra al viento y saber que llegará justo al corazón que necesita escucharla. Porque toda intención auténtica es como sembrar una semilla en el campo invisible. Al principio, no pasa nada. Todo parece quieto. Pero si la riegas con coherencia, si la sostienes con presencia, germina. Entonces lo invisible se vuelve tangible. **Tú ya no eres quien desea, eres quien encarna.**

La realidad es el espejo donde el alma se ve a sí misma

Hay un instante en el que todo encaja. No porque lo hayas planeado al detalle, sino porque dejaste de dudar y de este modo tu energía se volvió clara. Cuando tu intención es firme y tu certeza inquebrantable, el universo no tiene otra opción que responder. No es magia. Es coherencia. La realidad no se crea con la fuerza de los músculos ni con la ansiedad de la mente. Se crea desde un corazón que ya vibra en sintonía con aquello que ha elegido ser. He vivido momentos en los que me lancé sin paracaídas. Retiros anunciados sin recursos. Eventos con solo dos inscritos a tres días de comenzar. Meditaciones grabadas sin guion, sin saber si gustarían a alguien. Y siempre, siempre que me rendí al proceso y sostuve la energía más allá del miedo... ocurrió. El campo se abrió. El camino se desplegó como si ya estuviera escrito, esperando que yo dijera «sí».

A veces me preguntan cómo manifiesto lo que deseo. Y la respuesta es tan simple como profunda: **no espero que pase; me convierto en eso que deseo.**

Eso es lo que hace la certeza: te ancla en lo inevitable. Eso es lo que dirige la intención. Cuando ambas se entrelazan, accedes a otra frecuencia. Dejas de forzar y comienzas a atraer. Dejas de resistir y comienzas a recibir.

El campo cuántico —ese entramado invisible de energía e información que nos conecta a todo— no responde a tus palabras. Responde a tu vibración. Y tu vibración nace de una sola fuente: tu estado interno. Cuando habitas en ese estado donde ya no hay duda, cuando tu intención no es una súplica sino una verdad que arde suave en el centro del pecho, entonces activas una línea de tiempo distinta. Una versión de ti que ya está viviendo lo que hoy apenas te atreves a imaginar. Y entonces, eso que llamamos sincronicidad, comienza a aparecer:

- Te cruzas con la persona clave sin buscarla.
- Abres un mensaje que te cambia el día... o la vida.
- Escuchas una frase en un pódcast que parece estar hablándote directamente al corazón.

Y algo dentro de ti susurra: «Lo sabía. Esto era mío». Ese es el lenguaje de la certeza. No necesita gritar, solo se expresa.

Recuerdo que, unos días antes de lanzar el reto de los 111 días de meditación, conocido hoy como el Método Espigares, me desperté con el corazón latiendo de forma distinta. Algo en mí ya sabía que esa propuesta no solo transformaría la vida de quienes la siguieran, sino también la mía. No tenía todo cerrado, aún faltaban detalles; pero esa mañana sabía que ya estaba hecho. Respiré hondo, me serví un café, miré al cielo y dije en voz baja: «Gracias». Esa semana se llenó. Esa semana lloré de amor. No por los resultados, sino por la confirmación: cuando caminas con intención y te sostienes con certeza, **la vida te responde como un espejo perfecto.**

¿Por qué nos cuesta tanto sentir certeza?

Si la certeza tiene el poder de crear, ¿por qué nos cuesta tanto habitarla? La respuesta es simple y compleja a la vez: porque **hemos aprendido a desconfiar de lo invisible.** Porque crecimos creyendo que lo real es lo que se puede tocar, medir o comprobar. Porque nos enseñaron a vivir desde la mente y no desde el alma. Y entonces, cuando deseamos algo nuevo —una relación sana, un propósito, abundancia, salud—, la vieja programación se activa: «¿Y si no sale? ¿Y si me estoy engañando? ¿Y si me vuelvo a romper?». El miedo, la duda, el pasado o el trauma son capas que se interponen entre esa certeza profunda que ya vive en tu corazón y tú. **A veces no es falta de fe, es exceso de ruido.** Demasiadas historias ajenas, demasiadas heridas no digeridas, demasiadas voces internas que nos dicen «Cuidado, no lo intentes de nuevo». Pero no te inquietes, es normal. No estás roto o perdido, estás, simplemente, desalineado.

Volver a la certeza no se trata de una cuestión de fuerza. Es cuestión de *silencio*. De bajar el volumen del mundo exterior y volver a escuchar ese susurro interno que nunca se apagó. A veces la certeza se diluye porque estamos agotados. Porque hemos confundido crear con controlar. Porque repetimos afirmaciones vacías sin sentirlas de verdad. En ese momento toca parar, cerrar los ojos, poner la mano en el pecho y preguntarnos con honestidad: «¿Qué parte de mí aún no confía?». No para juzgarla, sino para abrazarla. **La certeza no se recupera gritándole a la mente, sino que se cultiva en la calma.**

Si hoy no la sientes, no pasa nada; vuelve a tu respiración, vuelve al cuerpo y haz algo que te ancle en el ahora:

- Camina descalzo.
- Medita. Canta. Llora.
- Abraza un árbol.
- Haz lo que necesites para volver a ti. Porque en ti **ya está la respuesta.**

No necesitas convertirte en otro. Solo necesitas recordar quién eres cuando no tienes miedo.

No necesitas ver para creer. Tan solo necesitas encarnar lo que eliges vivir.

Hábito n.º 18: encárnalo antes de verlo

Cada mañana, antes de mirar el móvil, antes de responder mensajes, antes de dejar que el mundo entre, haz esto:

- Siéntate en silencio.
- Lleva la mano al corazón.
- Cierra los ojos y pregúntate: «¿Qué reali-

dad quiero habitar hoy? ¿Desde qué energía quiero caminar?».
- No respondas desde la mente. Siente y escucha. Permite que tu cuerpo te muestre la frecuencia de esa intención: ¿es expansión? ¿Es calma? ¿Es gratitud? ¿Es gozo?

Y aquí viene lo importante:

Respira como si ya estuvieras viviendo esa realidad.
Camina como si ya fueras esa versión de ti.
Habla como si la vida ya hubiera respondido.
Agradece como si ya lo tuvieras.

Porque cuando vibras como si ya lo vivieras, el campo colapsa, la materia responde y la vida se ordena. Haz esto cada día. No para controlar ni para forzar. Hazlo para recordar quién eres cuando dejas de dudar.

19

La fórmula

¿Y si el problema no radica en que la vida no responda, sino que nunca nos enseñaron a hablar su mismo idioma, y, por tanto, nos cuesta un mundo escucharla? ¿Y si jamás nos mostraron cómo crear desde ese campo invisible de infinitas posibilidades? ¿Y si existiera una matriz divina, una red de inteligencia viva que lo contiene todo, que lo crea todo… y simplemente olvidamos cómo jugar en ese tablero? En este capítulo quiero invitarte a cruzar esa puerta. Voy a compartir contigo la fórmula que, desde que la descubrí y la encarné, comenzó a traer eventos increíbles a mi vida cotidiana: una mezcla mágica de sorpresa, sincronicidad y propósito. Podrás comprobar por ti mismo que cuando te atreves a jugar desde lo invisible, lo extraordinario deja de ser una excepción y se vuelve inevitable.

¿Cómo rendirme al campo de infinitas posibilidades y crear una vida extraordinaria?

Recuerdo un viaje en tren desde Londres hasta Canterbury. No hablaba ni una palabra de inglés, y, sin embargo, ahí estaba yo, atravesando la costa inglesa, mirando por la ventana con una mezcla de emoción, vértigo y ese miedo visceral que te invade cuando sabes que estás cruzando una frontera invisible. En algún momento del trayecto me di cuenta de que me había equivocado; estaba casi en Ramsgate, no en Canterbury, donde mi primo Sergio me esperaba para enseñarme la ciudad. Finalmente llegué, con esa sensación de quien se lanza al vacío sin red. Todo era nuevo. La ciudad me pareció mágica, como salida de un cuento. La casa en la que alquilé una habitación tenía más de setecientos años, y mi cuarto estaba en la planta alta.

Allí vivíamos cinco personas de diferentes partes de Europa: un chico suizo, una italiana, una inglesa, otro chico inglés con rasgos asiáticos, y yo, que trataba de comunicarme en un idioma que apenas entendía, pero con el corazón completamente abierto.

Una de mis virtudes —y lo reconozco con cariño— es que siempre he tenido el valor de mirar a la vida de frente. Aunque mi inglés era limitado, me defendía. Sabía que la vida premia a quienes se lanzan, a los que no esperan a que todo sea perfecto y yo quería estar en ese grupo. Conseguí trabajo en una cocina. El restaurante se llamaba The Dolphin («El Delfín»). Recuerdo perfectamente a Peter, el dueño, escribiéndome en una servilleta: «*Tomorrow, Tuesday, 12 o'clock. ¿OK, Tony?*». Y yo, con mi mejor sonrisa: «*Yes, yes! Tomorrow, here*».

Ya tenía habitación, casa, y un pequeño ingreso para cubrir mis necesidades. Aunque pasaba horas lavando platos y ollas, para mí ese restaurante era como asistir a clases de inglés. Siempre llevaba mis cascos puestos, escuchando pódcast, lecciones de gramática o cualquier cosa que me ayudara a entender un poco ese mundo en el que acababa de aterrizar. Creo que en otro momento de mi vida quizá habría pensado: «Qué bajo has caído, limpiando platos». Pero, siendo honesto, venía de Brasil. Estaba feliz, tranquilo, sin grandes responsabilidades ni proezas. Solo tenía que vivir.

Ese fue el comienzo. Allí, en una ciudad desconocida, rodeado de gente nueva y con más incertidumbres que certezas, empecé a crear. En esos días hice mi primer *vision board*. Recorté y pegué imágenes, frases, sueños... Una pequeña imprenta cerca de donde vivía me lo imprimió y, en esa maravillosa habitación con suelos de madera que crujían con cada paso, quedó plasmado:

- Una familia formada por una compañera de vida que me tomara de la mano para recorrer el mundo y dos hijos.
- Vivir en plenitud, en expansión.
- Fuentes de ingresos diversas que me dieran libertad. En esa época incluso pensé en montar una franquicia para hacer paellas por el mundo. Todavía guardo el plan de negocio en un cajón, así que, si algún lector se anima, que me escriba: juntos podríamos ponerlo en marcha, tiene mucho potencial.
- Y, por supuesto, también cosas materiales: una caravana, casas con vistas al mar, aventuras.

Más allá de las imágenes, ese collage era un pacto. Un pacto conmigo mismo. No con los sueños, sino con la versión de mí que los haría realidad.

La fórmula que quiero compartir contigo, literalmente, a mí me transformó. Comprendí que no basta con moverse en el plano visible. Si quería una vida extraordinaria, tenía que aprender a jugar también en el mundo de lo invisible. Tenía que dejar de vivir únicamente desde la materia y empezar a trabajar en lo que no se ve, pero que lo crea todo. No obstante, antes de exponer mi fórmula, déjame contarte cómo conocí a mi chica.

Dos horas tarde... una vida juntos

En Canterbury, recuerdo que me apunté a una academia para aprender inglés. Sin embargo, mi ego insistía en que debía aprenderlo como un nativo: escuchando, viviendo, empapándome del idioma en la calle. Así que nada más llegar, descargué una de esas aplicaciones de citas —sí, Tinder— y me puse a deslizar: derecha, izquierda, derecha, izquierda... Así conocí a mi mujer. Un día apareció en mi pantalla una chica de cabello castaño con destellos pelirrojos, piel clara. Tenía una mirada profunda, de viajera, de alma libre, así que sí, me llamó la atención. Quedamos para vernos en un bar llamado Shakespeare, justo en el centro de Canterbury, frente a la catedral. (Por cierto, la catedral es una maravilla, si pasas por Canterbury, ve un domingo, porque la entrada es gratuita). Habíamos quedado a eso de las cinco o seis de la tarde, aunque no lo recuerdo con exactitud. Ese día estaba libre y, media hora antes del encuentro, sonó mi teléfono. Era ella. Su nombre es Kirsty.

Descolgué:

—*Kirsty? Yes?*

Y ahí empezó una explicación en inglés, por supuesto. Me decía que su jornada había sido un caos, que acababa de llegar a casa y que no iba a poder llegar a tiempo. Que, si me parecía bien, podíamos quedar más tarde o en otro momento. Esto que te cuento lo entendí mucho después. En ese momento, mi nivel de inglés era prácticamente nulo. Así que, sin entender nada, respondí con un confiado: «*Yes, yes...*». Ella, al otro lado del teléfono, se echó a reír y debió llevarse las manos a la cabeza; había quedado con un tipo que literalmente no hablaba una palabra de inglés. Finalmente, llegó dos horas tarde. Y ahí estaba yo, tranquilo, en paz. En ese momento de mi vida, había encontrado un lugar dentro de mí donde no importaba si alguien llegaba tarde, ni siquiera si al final no venía. Yo estaba bien conmigo mismo, lo suficiente como para que una cosa así no alterara mi centro. Y así comenzó nuestra historia. Desde el primer momento hubo una química absoluta, y una comunicación verbal... prácticamente nula.

La fórmula

Con el tiempo descubrí algo que transformó por completo mi manera de estar en el mundo. Me di cuenta de que, cuanto más vivía desde mis pasiones, desde esas ilusiones más puras, sin apego al resultado, más puertas se abrían. Ya fuera bailando, escribiendo, meditando o simplemente compartiendo desde el corazón. Cuando lo hacía por el puro placer de hacerlo, porque el hecho en sí (fuera lo que fuese) me hacía vibrar, porque era una extensión de mi alma, todo se ordenaba.

1. **Vibra desde tu autenticidad**

   Por eso el primer paso de esta fórmula —si quieres activarla en tu vida— es hacerte una pregunta poderosa: **«De todas las opciones que tengo ahora en mi vida, ¿cuál es la que más me llama? ¿Qué despierta mi fuego interior? ¿Qué me genera curiosidad?».** No estamos aquí para sobrevivir. Estamos aquí para vivir conectados al alma, para encender nuestra luz y, al hacerlo, iluminar el camino de otros. Vivir desde tus pasiones no significa que por fuerza tengas que dedicarte a ellas profesionalmente; aunque ojalá así fuera. Pero, si no es el caso, al menos regálate espacios para nutrir tu alma: tocar un instrumento, caminar en silencio, crear con tus manos, perderte en un libro, bailar con o sin sentido...

2. **Suelta el resultado**
   Haz lo que amas sin expectativas. No lo hagas por dinero, éxito o seguidores. Hazlo porque sí, porque no hacerlo sería traicionarte. Cuando realmente sueltas, cuando dejas de controlar, entras en algo que para mí ha sido clave: el flujo. Cuanto más fluyes, más sencillo se vuelve todo. Porque lo que resistes persiste. Tan solo tienes que estar presente y seguir caminando, sin esperar nada concreto.

3. **Medita en coherencia**
   El tercer pilar de esta fórmula consiste en entrar en un estado meditativo de coherencia y unidad. ¿Qué quiero decir con esto? Que hemos de permitirle al cuerpo entrar en armonía, dejar de ser el personaje que hemos sido tantísimas veces, y fundirnos con todo lo que es en una frecuencia perfecta. Dejas de ser tú —con tus problemas, tu ego, tu nombre, tus expectativas— y entras en un espacio donde tan solo existe la consciencia pura. Desde

ese estado de unidad, lanzas una intención. No desde el deseo desesperado, sino desde el amor, desde la certeza y desde la abundancia interna.

Así comenzó una nueva vida para mí. Cuando creé mi canal de YouTube, no pedí cifras, ni éxito, ni reconocimiento. Solo pedí pasión. Envié esa intención envuelta en afecto, en entusiasmo, en gratitud. Me fundí con ella. Le dije al creador, en mi lenguaje más sincero: «Tú, que lo sabes todo, trabaja un poco por mí. Me rindo. Dejo de ser ego y materia para convertirme en frecuencia, en vibración. Sé que vas a sostenerme, confío». Así fue como todo comenzó a llegar desde ese campo electromagnético que se expande cuando estamos en coherencia emocional y física. Enseñé a mi cuerpo a vibrar desde el estado ya creado, desde la gratitud anticipada, desde la certeza, desde el amor. Un día y otro día, sin cesar.

4. Obsesiónate (sanamente) con tus pasiones

No basta con soñar de vez en cuando ni con lanzar un deseo o intención al universo solo cuando te acuerdas. Tienes que vivirlo, respirarlo, serlo. Debes permitir que aquello que te ilusiona sea un fuego que arda dentro de ti cada día, no un peso que agobie, sino más bien como una luz que te guía en cada paso.

A eso me refiero con una obsesión sana, a volcarse con una actitud entusiasta XXL en aquello que te gusta.

Debo advertirte algo: cuando sigues ese fuego interno, es muy probable que la gente no te entienda. Que te miren raro y murmuren: «¿Pero este de qué va? ¿Quién se cree que es? ¿Cómo pretende conseguir algo así?». No les hagas caso. Ser el loco, el apasionado, no es un castigo, es un privilegio. Porque los que se atreven a caminar en dirección contraria a la mediocridad, los que sueñan en grande mientras otros solo sobreviven, son los que terminan cambiando sus vidas y a veces también el mundo. Busca mentores, libros, ejemplos vivos de que todo es posible. No para copiarlos, sino para recordar que ese poder también vive en ti.

Estos cuatro puntos conforman el **método Espigares.** Un camino que nace de mis propias cicatrices, aprendizajes y renacimientos, diseñado para acompañarte en ese viaje. Para que medites en colectivo, para que actives nuevos códigos de posibilidad en ti, para que no camines solo. Porque la fuerza de un corazón que vibra es grande, pero la fuerza de cien corazones vibrando en unidad es imparable. La fórmula existe. La magia existe. Tú también existes, llamado a recordar quién eres realmente. Así que ahora te pregunto:

¿Te atreves a ser ese loco maravilloso que, algún día, mirando hacia atrás, se dará cuenta de que rompió todos los límites que creía tener?

La fórmula en acción: la historia de Sebas

Quiero cerrar este capítulo con una historia real, una de esas que te sacuden el alma, porque habla de dolor, fe, rendición... y una transformación que a muchos les puede parecer imposible. Él es Sebas. Siempre fue un apasionado del deporte. Amante de la montaña, fuerte, escéptico; de esos que creen que lo que no se puede tocar no existe. Pero un día su mundo se quebró, literalmente; mientras trabajaba con electricidad en una valla, en una montaña cerca de Andorra, sufrió un accidente. Cayó, y, a pesar de que intentó sujetarse con el hombro, este se rompió. Después, rodó por un barranco, y, al impactar contra el suelo, sus vértebras colapsaron. Los médicos fueron claros y le dijeron que no volvería a caminar. Su cuerpo, de cintura para abajo, no respondía. Pero Sebas se negó a aceptar ese diagnóstico. Se resistió, no desde una negación ciega, sino desde una certeza que no sabía de dónde venía, pero que sentía más real que cualquier informe médico: «Si no hay una fractura irreversible, voy a caminar».

Desde la cama, frustrado, miraba sus pies todos los días. Les hablaba. Esperaba que algo, cualquier cosa, se moviera. Hasta que un día pidió al médico que le llevara el recipiente para orinar. El doctor, perplejo, le dijo: «No puedes. No sientes nada». «Tráemelo —insistió Sebas—. Voy a hacerlo». Y lo hizo. Ese pequeño gesto fue el comienzo de algo inmenso. Una grieta en la certeza médica, una primera luz en la oscuridad. Sebas inició entonces un nuevo camino, movido por la rabia, la impotencia, pero también por una llama interna que nunca se apagó. Los psicólogos le recomendaron libros, entre ellos *El placebo eres tú,* de Joe Dispenza. Poco a poco, y con cierta resistencia al principio, comenzó a practicar algo que jamás habría considerado: meditar. Así fue como llegó a mi voz, a mis meditaciones. Y a un camino que lo llevó a lugares que ni él mismo podía imaginar. Participó en varios de mis retiros. Se sentó en silencio. Se tumbó en colchonetas durante noches interminables de insomnio y dolor. Lloró. Sintió. Y, sobre todo, enviaba cada día una intención clara y poderosa: SS (Sin Secuelas).

Lo repetía con devoción, sembrándolo en el campo cuántico desde su corazón. Y un día me envió un vídeo. Estaba corriendo. Sí, corriendo por la montaña. Libre, ligero, vivo. El mismo hombre que un día escuchó que no volvería a caminar, hoy corre. Porque no solo cambió su cuerpo, cambió su energía, su consciencia, su forma de vivir. Esa, para mí, es la prueba más hermosa de que la fórmula funciona. Porque lo invisible crea lo visible. Porque cuando te alineas con tu verdad más profunda y con tu intención, la realidad se transforma. Porque cuando vives con pasión, sin apego, en coherencia y en unidad, la vida responde.

En eso se basa el método Espigares, un camino que invita a actuar, a meditar a aplicar conceptos místicos y científicos en cada práctica. Con experiencias guiadas, invitados especiales y la posibilidad de meditar en colectivo para amplificar la energía. No como uno, sino como grupo.

Preguntas para activar tu fórmula

- ¿Qué pasaría si dejaras de moverte por obligación y comenzaras a crear desde el fuego de tu pasión?

- ¿Qué actividad enciende en ti una energía tan expansiva que el tiempo desaparece y solo queda presencia?
- ¿Estás pidiendo desde la escasez o manifestando desde la plenitud de quien ya sabe que es posible?
- ¿Qué parte de ti necesita rendirse para entrar en coherencia con el campo cuántico?
- ¿Y si en vez de esperar a estar listo, te conviertes hoy en la versión de ti que ya vive lo que desea?

Hábito n.º 19: dedica tiempo a lo que te ilumina por dentro

Cada día, elige conscientemente una acción que te conecte contigo mismo. No tiene que ser grandiosa ni productiva. Solo auténtica. Quizá escribir sin rumbo, caminar sin destino, escuchar música, preparar algo con tus manos o simplemente contemplar el cielo. La clave no está en la forma, sino en lo que despierta en ti. Haz aquello que, sin necesidad de explicación, tu alma reconoce como suyo. Dedícale al menos veinticinco minutos al día. Hazlo sin expectativas, sin exigencias. No persigas un resultado. No intentes medir su utilidad. Hazlo porque, al hacerlo, vuelves a ti. Porque en esa entrega silenciosa al presente, recuerdas algo esencial: que vivir también es esto. Y mientras lo haces, permite que el tiempo se disuelva. Respira. Siente. Habita ese instante como si fuera suficiente. Porque lo es. Cuando dejas de vivir por el resultado y te permites simplemente ser, la vida responde desde un lugar más profundo. Al terminar, si lo sientes, cierra los ojos y reconoce internamente: «Esto que he sentido ya me sostiene. Lo invisible se ordena cuando yo me ordeno». Hazlo cada día. Sin urgencia. Sin metas. Solo por el simple y poderoso acto de recordarte quién eres.

MEDITACIÓN 10

Florece desde tu verdad

20

La importancia de vivir desde el agradecimiento

Si has llegado hasta aquí, permíteme felicitarte. Porque un porcentaje enorme de personas compra libros cuya lectura abandonan a la mitad. Y tú, mi querido lector (ahora ya casi puedo llamarte amigo), estás aquí, en uno de los capítulos más poderosos. Se trata de una paradoja hermosa, porque también es uno de los más simples: el de la gratitud. Sí, este capítulo es especial. No porque esté cargado de técnicas complejas, ni porque vaya a revelarte un gran secreto oculto, sino porque habla de algo sencillo, cotidiano y, a la vez, olvidado; algo que ha transformado mi vida más que cualquier otra cosa: decir gracias y sentir la gratitud en mi pecho.

Cuando me inicié en las redes sociales lo hice como

un experimento. Un acto de fe para cambiar mi realidad. Nunca imaginé que, al regalar mi voz, mi intención y mi amor en las meditaciones, el verdadero regalo sería para mí. Porque cuanto más daba, la vida buscaba más motivos para darme las gracias. Y no eran solo palabras. Eran mensajes que me llegaban cada mañana con una fuerza que me desbordaba: «Tony, salí de la depresión». «Volví a sonreír». «Volví a confiar».

Cada uno de esos mensajes era como un abrazo al alma, como si alguien me susurrara: «Gracias por no rendirte, gracias por mostrarme el camino». Y esa palabra, «gracias», empezó a tener un efecto físico en mí. Me cambiaba la vibración, me abría el corazón y me hacía llorar sin razón aparente. Además, no era algo meramente emocional. La ciencia también tiene algo que decir en este aspecto. Estudios del Instituto HeartMath han demostrado que cuando sentimos gratitud, el corazón entra en un estado de coherencia con el cerebro, lo cual no solo nos hace más felices, también fortalece el sistema inmune, regula las hormonas del estrés y expande la percepción.

- La gratitud no es una emoción cualquiera. Es una señal al universo. Cuando dices y sientes «gracias», en realidad estás diciendo: «Estoy abierto».

«Estoy presente».

«Estoy listo para recibir más».

Porque **el hecho de dar las gracias no se enfoca en lo que falta. Se enfoca en lo que ya es. Y eso, querido lector, cambia toda la jugada.**

Un «gracias» que nace del alma

Podría hablarte durante páginas de la ciencia de la gratitud, de cómo activa neurotransmisores como la dopamina, de cómo la física cuántica la considera una frecuencia de recepción, o de cómo influye en la epigenética, la biología y la percepción. Pero no pretendo eso, ahora mismo quiero, simplemente, dar las gracias. Pero no un gracias cualquiera, quiero darle las gracias a una de las personas más importantes de mi vida: mi madre. Sí, a ti, mamá. Este pequeño homenaje también lo hago extensible a todas las madres del universo. A esas que transforman el mundo con su forma de dar, de cuidar, de nutrir, de amar desde ese lugar tan poderoso: el amor incondicional. Mi madre no es perfecta —dudo que tal cosa exista—, con sus manías, su obsesión por el orden, su necesidad de que todo esté impecable; pero siempre ha estado cuando se la ha necesitado. Siempre ha amado. Siempre ha dado. Ha sido el pilar silencioso que ha sostenido nuestra casa con un amor invisible, pero indestructible. Ya sabes, ese tipo de amor que no se grita, pero que lo sostiene todo.

Gracias, mamá, por cada comida caliente, por cada noche sin dormir, por cada mirada que calmaba el alma sin necesidad de palabras, por seguir dando incluso cuando nadie te lo agradecía. A ti, y a todas las madres que dan sin pedir, que aman sin condiciones, que están sin hacer ruido... Este capítulo también es vuestro.

La vida no se busca, se agradece

Yo también quiero formar parte de este momento. Quiero meterme de lleno en esta emoción que habita en mi pecho, que no me deja indiferente, que me transforma cada vez que la dejo entrar. Porque si algo me ha enseñado la vida es que la gratitud no es una consecuencia de gozar de una vida bonita. Es todo lo contrario: la causa. Durante años creí que había que salir a conquistar la vida, empujarla, batallarla, ganarla... Pero estaba equivocado. La vida no se fuerza, se crea desde dentro, y cuando uno empieza a vibrar en gratitud, es la vida la que viene a ti. Hoy mi vida es preciosa, llena de experiencias, de almas maravillosas, de retiros en Colombia, en Argentina, en México, en España. Una vida que disfruto todos los días. No porque sea perfecta, sino porque he aprendido a mirarla con una gratitud sincera por lo que tengo y se me ha dado.

Cada mañana, antes de que mi mente empiece con su lista de «Tengo que...», la detengo y le digo: «Espera. Antes de hacer, vamos a agradecer». Entonces hablo desde el corazón, lo lleno de esa sensación mágica que lo transforma todo. Agradezco las sábanas, el cuerpo que habito, la mujer que duerme a mi lado, los pies pequeños de mis hijos correteando por casa. Agradezco este momento, esta respiración. Lo que he construido. E incluso lo que aún no se ve, pero ya vibra.

Preguntas para despertar la gratitud

- ¿Y si hoy te detuvieras a mirar tu vida no desde lo que falta, sino desde todo lo que ya sostiene tu existencia?
- ¿Cuántas veces has dejado pasar un milagro cotidiano —una caricia, una mirada, una taza de café caliente— sin agradecerlo?

- ¿Qué cambiaría si tu primer pensamiento al despertar no fuera una obligación sino un acto de reverencia por el regalo de estar vivo?
- ¿A quién no has agradecido todavía y sabes que lo merece?
- ¿Qué parte de ti necesita ser abrazada hoy con gratitud, aunque no sea perfecta?

Hábito n.º 20: gracias al amanecer

Quiero compartir contigo un ritual que cambió mis mañanas y, con el tiempo, la forma en la que me relaciono con la vida. Sí, como puedes ver, le pongo mucha consciencia a mi arranque matutino, porque está demostrado que esos primeros minutos de contacto con el día mismo, esas pequeñas decisiones que ocupan los instantes iniciales, condicionan sobremanera la jornada entera. Pues bien, cuando me despierto, antes de que mi cerebro tome el control y de que la mente se active, antes incluso de recordar quién soy, llevo mis manos al centro del pecho, respiro y, en el silencio suave del alba, dejo que emerja la gratitud.

No repito la palabra por repetirla, ya que no es un mantra vacío. **Es una llave** que abre una emoción vibrante. Una frecuencia sagrada que me susurra: «Estás vivo. Y eso ya es un milagro». A veces lo digo en voz baja: «Gracias. Gracias. Gracias». Pero lo más importante no es decirlo, **es sentirlo.** Sentir cómo el corazón se ablanda al tiempo que la energía se enciende dentro. Cómo la vida entera se reorganiza con algo tan sencillo pero poderoso por haberte detenido un instante a reconocerla. Es un instante que no se puede comprar ni medir. Es un altar invisible que se enciende antes de que el día empiece. Se trata de un acto de amor contigo y con todo lo que te habita.

Y desde ahí, sí... desde ahí puedes recibir lo que venga. **Porque cuando vibras en gratitud, no esperas que la vida te dé. Te das cuenta de que ya lo tienes todo.**

Te invito a probarlo. No como técnica, sino como ofrenda. Pon tu alma entera en ese instante y permite que esa emoción —esa vibración dorada que vive bajo la palabra «gracias»— te abrace por completo. Ahí empieza la verdadera transformación. Ahí empieza **una vida extraordinaria.**

21
El equilibrio de lo esencial

Llegados a este punto del camino, no te sorprenderá si te digo que es importante comprender que la vida no consiste en llegar a lo más alto, sino en saber sostenerse en lo más profundo. El equilibrio no es una línea recta ni un estado permanente, sino un arte silencioso que se cultiva cuando sabes caer y levantarte sin perderte a ti mismo. Por tanto, este capítulo no pretende ser un resumen ni una despedida. Es una pausa, una respiración consciente antes del siguiente paso. Algo así como un latido del alma antes de volver al movimiento. En este viaje que es la vida he aprendido que no se trata de tenerlo todo resuelto, sino de sentirte presente en medio del movimiento. El proceso de escribir este libro ha sido precisamente eso: movimiento. Una danza entre lo que nace de dentro y lo que se revela al expresarlo, como si cada palabra escrita fuera el eco de una verdad que llevaba tiempo queriendo nacer. A veces, el equilibrio se parece más a un baile que a una estructura. Una sincronización de pasos entre el hacer y el ser, entre lo material y lo invisible, entre lo que deseas y lo que verdaderamente necesitas.

Te invito a mirar tu vida como si fuera un jardín. Algunos pilares de la existencia florecen con fuerza y otros necesitan poda, cuidado o presencia. Pero todos, absolutamente todos, pueden renacer (en este libro tienes unos cuantos ejemplos). Porque la vida no se construye con planos exactos, sino con intuición, como un jardinero que sabe cuándo regar y cuándo dejar que el sol haga su parte.

Los pilares de una vida extraordinaria

En algunos capítulos me he referido al concepto de «vida extraordinaria», pero esta no se construye desde un solo lugar. Se sostiene sobre pilares invisibles que, cuando están en armonía, nos devuelven al centro. Esos pilares fundamentales son los siguientes:

La salud no es solo ausencia de enfermedad, es sentirte vital, ligero, conectado con tu cuerpo. Es dormir profundo, respirar hondo, moverte con alegría, comer con presencia... Es ser un templo vivo, habitando desde dentro.

La familia no es una estructura, sino más bien un vínculo. Significa mirar a tus hijos o a tus padres y verte en sus ojos. Es abrazar a tu pareja y sentir que has vuelto a casa. En suma, supone recordar de dónde vienes; y, todo ello, honrarlo con amor.

El propósito no siempre llega como una revelación. A veces es una semilla que nace de la insatisfacción, del sentimiento de que «esto no puede ser todo». Es hacerte preguntas que duelen y atreverte a responderlas con acciones reales.

La abundancia no es tener más, es vivir desde el «ya soy». Confiar en que lo que necesitas llegará cuando vibres en coherencia con ello, como una brújula interna que empieza a señalar el norte cuando dejas de girarla con fuerza y la sostienes con calma.

Las relaciones son espejos. Algunas te elevan, otras te enseñan, y todas ellas te muestran partes de ti, por afinidad o por rechazo, pero siempre reflejan algo en función de lo que nos hacen sentir. El equilibrio radica en rodearte de quienes te devuelven a tu verdad.

La amistad verdadera es esa que no mide el tiempo ni exige presencia constante, sino que vive en la profundidad. Es ese «estoy aquí» que llega justo cuando el alma lo necesita.

La espiritualidad es recordar que eres más que este cuerpo, este nombre, esta historia. Mirar el cielo y saber que formas parte de algo más grande.

Y, por último, está **la vocación;** eso que harías incluso si nadie te pagara. Lo que enciende tu alma. Y cuando logras convertirlo en tu trabajo, se da un milagro del que todos los implicados saldrán beneficiados y transformados.

Ninguno de estos pilares es perfecto. Se tambalean, se agrietan. Pero si los atiendes con amor, todos pueden volver a florecer. Y si no, aplica y recuerda la técnica japonesa del *kintsugi*. Esta consiste en la reparación de piezas (normalmente de cerámica) y respeta y celebra las grietas y fracturas que puedan tener, realzándolas con uniones de oro o plata. En lugar de ocultar los daños, el *kintsugi* los convierte en una parte integral del objeto, reescribiendo su historia y mostrando que la fragilidad y la imperfección pueden ser fuentes de belleza.

Gratitud a quienes sostienen mi camino

Lo que he vivido no lo he recorrido solo. Ningún camino real se transita en soledad. Hay un proverbio que dice: «Si quieres ir rápido, ve solo. Si quieres llegar lejos, ve acompañado». No puedo estar más de acuerdo. Así que me nace del corazón el deseo de agradecer, con el alma desnuda, a las personas que me han sostenido en los días luminosos y también en los más grises.

A Kirsty, mi compañera de vida, por ver en mí lo que yo aún no sabía ver. Me conociste fregando platos en Canterbury, con más energía que conocimientos de inglés, con el alma inquieta y los sueños a flor de piel. Nunca me pediste que fuera más, pero siempre supiste que estaba destinado a más. Gracias por tu paciencia, tu amor firme, tu manera de mirar más allá del personaje. Eres mi centro, mi espejo y mi paz.

A mis hijos, Isabella y Arthur, gracias por ser mis pequeños-grandes maestros. Por recordarme que lo más importante rara vez es urgente, y que el amor verdadero no se explica, se siente. Sois mi luz, mi legado, mi porqué.

A mi familia, mi madre, mi padre, Dani, Paula y Celia, por ser raíces profundas y ramas generosas. Cada uno, desde su lenguaje del amor, ha dejado huellas en el alma de este hombre que sigue aprendiendo a ser hijo, hermano, ser humano. A mis sobrinos, mi cuñada... os amo.

A Manu, mi amigo de verdad. De los que no necesitan hablar todos los días para estar siempre presentes. Gracias por reír cuando todo fluye y por quedarte cuando todo tiembla.

Y a ti, que me escuchas, que has respirado conmigo, que te has emocionado con una meditación, un retiro, un audio, un silencio. A ti, que abriste tu corazón a mi voz, que me escribiste un mensaje diciendo «algo cambió en mí». No sabes cuánto significas. Este libro no existiría sin ti. Esta comunidad nació de tu vibración compartida. Tú también formas parte de esta historia. Porque esto no va de mí. Va de nosotros, de lo que estamos despertando juntos.

El espejo y el camino

Si has llegado hasta aquí, debo decirte que no estás leyendo un libro más. Estás leyendo partes de ti. Porque, aunque esta sea mi historia, mis heridas, mis aprendizajes... lo que has sentido en cada página es el reflejo de tu propio viaje. No nos une una técnica, una idea o una creencia; nos une algo mucho más profundo: el deseo de recordar quiénes somos. Ese impulso de quitarte las gafas rotas, de observar con honestidad tus sombras, de atreverte a soñar desde el alma, de empezar a vivir desde un lugar más pleno, más verdadero. Por eso, este capítulo también es tuyo. Porque tu vida es un campo fértil. Y cada hábito que has leído, cada pregunta que ha despertado algo en ti es una semilla sembrada en tu consciencia. Ahora ya conoces los siguientes pasos: regarla, cuidarla y creer en ella.

Este no es el final. Este es el momento en el que todo empieza a germinar dentro de ti.

Preguntas para equilibrar tu realidad

- ¿Qué pilares sostienen tu vida hoy y cuáles necesitan más presencia o atención?
- Si tuvieras que empezar de nuevo, ¿qué conservarías de lo que tienes ahora?
- ¿Qué relación tienes con el cambio? ¿Lo temes o lo abrazas?
- ¿Qué personas han creído en ti cuando tú no podías verte con claridad? ¿Se lo has agradecido?

- ¿Y si el equilibrio no se tratara de hacerlo todo perfecto, sino de escuchar lo que tu alma necesita hoy?

Hábito n.º 21: reescribe tu realidad cada mañana

Cada mañana, antes de comenzar el día, tómate tres minutos para escribir una frase con esta estructura:

«Hoy elijo interpretar [lo que sea que estés viviendo] desde [la emoción, valor o enfoque que quiero habitar]».

Por ejemplo:

«Hoy elijo interpretar el caos del trabajo desde la calma».

«Hoy elijo interpretar la soledad desde la oportunidad de escucharme».

«Hoy elijo interpretar el cansancio desde la gratitud por todo lo vivido».

Este hábito no cambia lo que sucede fuera, pero transforma radicalmente **cómo lo vives por dentro.**

Hazlo durante veintiún días. Escríbelo frente al espejo, en tu diario, o incluso en una nota del móvil. Pero hazlo **presente, consciente, desde ti.** Porque al final, la vida no depende solo de lo que pasa, sino de **cómo eliges mirarla cada día.**

22

En unidad

Somos el océano, incluso cuando nos sentimos solo una gota

Parecía un día cualquiera, en un rincón especial para mí: junto a la litera de mi hija, en nuestra casa de River, Inglaterra. Una tarde tranquila, silenciosa, con ese aire pausado que envuelve el tiempo. Como tantas veces, sentí que mi corazón me reclamaba atención, espacio. Una invitación interna a parar, a abrirme, a meditar. La luz de la habitación era tenue, las sábanas olían a infancia, a ternura, a hogar. Era como si ese pequeño rincón contuviera todo el amor del mundo, todo el sentido de mi existencia. Me senté con uno de los audios de meditación que había creado. No podría decirte cuál exactamente —cada meditación nació en un momento clave de mi vida—, pero aquella vez fue diferente. Algo, sin previo aviso, me llevó más allá. Sumido en el silencio, algo en una parte de mí se abrió. Dejé de ser un cuerpo, un nombre, una historia. Me sentí inmerso en un espacio infinito, vacío, pero inmensamente vivo. Una expansión tan vasta que la idea de yo dejó de tener significado.

Percibí la conexión con una consciencia más grande que yo. Tan real, tan profunda, que las lágrimas caían por mis mejillas de pura emoción. No era tristeza y tampoco alegría. Era amor. Un **amor inmenso, imposible de explicar.** Tan enorme y abrumador que mi pequeño corazón humano apenas podía sostenerlo. Recuerdo que en medio de esa inmensidad pensé: ¿cómo he podido vivir tantos años sin experimentar esta conexión? ¿Cómo pude creer que estaba separado de algo tan inmenso, tan tierno, tan verdadero? Desde ese día, una fuerza nueva empezó a moverme. **Una obsesión amorosa. Una urgencia sagrada** de ser la voz que guía a cada ser humano a experimentar esa unión que yo mismo viví. Que cada persona descubra que no está rota, que no está sola, que puede —al reconectar con la fuente de amor que lo sostiene todo— **transformarse física, emocional y espiritualmente.**

No es una promesa de perfección. Es una llamada

a recordar que ya somos el océano, incluso cuando nos sentimos solo una gota.

El campo unificado que nos sostiene

Cada vez más científicos confirman lo que los grandes místicos de todas las tradiciones ya intuían, y que hemos explorado a lo largo de este libro: existe un campo unificado, una matriz viva de información, energía y consciencia, donde todo está conectado más allá de la materia, el espacio y el tiempo. Hoy la física cuántica lo denomina «entrelazamiento». La biología habla de resonancia de campos. La neurociencia explora la plasticidad infinita del cerebro humano. Los antiguos, simplemente, lo llamaban Amor.

No se trata de elegir entre ciencia o mística, ni de decidir cuál de ellas tiene razón. Se trata de reconocer que todo forma parte de una misma verdad más grande. Una verdad que no necesita demostración, porque se vive y se experimenta. Cuando tocas ese campo —siquiera por un instante— lo sabes. Sabes que nunca estuviste separado. Sabes que el Amor no se persigue: es lo que te sostiene. Cuando lo experimentas —aunque solo sea una vez— algo en ti hace clic. Algo se enciende. Y esa llama interior permanece. Porque en ese momento sientes la certeza de estar amparado, sostenido, conectado con el todo. No hay afuera ni adentro. Solo unidad. Solo Amor, entrelazado en todo lo que eres. No es cuestión de estudiarlo, entenderlo o analizarlo. Es cuestión de sentirlo. De recordar quién eres realmente.

Florecer, trascender o vivir en plenitud no son metas, son memorias que despiertan cuando vivimos en unidad

Este libro no termina aquí. Aquí es donde empieza lo verdaderamente hermoso y valiente:

- La aventura de recordar lo que tu alma siempre supo.
- Conectar con lo que te habita en silencio.
- Florecer sin permiso, sin prisa, sin condiciones.
- Vivir siendo tú, sin adornos ni versiones editadas. Solo tú, completo, presente, real.

Todo esto, por supuesto, no ha de verse como un acto de esfuerzo, sino como un acto de amor. Un amor que nunca estuvo fuera. No hablamos de ese amor que se mendiga, ni del que depende de otro, sino de ese amor silencioso, vasto y eterno que habita en lo más hondo de tu pecho. Ese amor no es destino, es origen. Porque **ese amor eres tú,** en tu forma más pura, más real, más libre.

Las preguntas que abren la puerta a lo extraordinario: eres parte de la unidad

- ¿Qué partes de mí sigo sintiendo separadas o desconectadas?
- ¿Cuándo, aunque fuera por un instante, me he sentido parte de algo que me trasciende?
- ¿Cómo cambiaría mi manera de vivir si cada día recordara que ya soy parte del todo?
- ¿Qué pequeños gestos pueden ser mi recordatorio silencioso de que siempre estoy conectado con la vida?
- ¿Qué significa para mí vivir en unidad, aquí y ahora, en este cuerpo y en este momento?

Hábito n.º 22: recuerda que eres el Todo en movimiento

Durante los próximos siete días (y, ojalá, toda la vida), empieza cada mañana con este simple gesto. Antes de encender el móvil, antes de revisar correos pendientes, coloca las manos sobre el corazón. Siente tu respiración. Siente tu latido. Y recuerda, aunque sea por unos segundos:

No estás separado. No tienes que demostrar nada. **Eres parte viva de una inteligencia infinita que respira contigo.**

Haz tres respiraciones profundas y lleva esa consciencia a cada gesto del día: a tus palabras, a tus silencios, a tu manera de mirar, de escuchar, de dar.

Porque vivir en unidad no es un estado al que se llega, es la forma más hermosa de caminar por esta vida.

MEDITACIÓN 11

Unidad